24H

曼 谷 漫 旅

BANGKOK *guide*

Perfect trip for beginners & repeaters.

lamar

著

瑞昇文化

Hellow, Bangkok

前往能量滿溢的那個城市

發展迅速的曼谷，已然躍升為國際都市。

儘管高樓大廈與高級飯店如林聳立，

卻也處處保留了傳統文化，

比如男女老少無不前來祈禱的佛教寺院，

還有充滿市井生活氣息的在地市場等等，

留下了很多能夠呈現古樸、美好泰國文化的場域。

這樣的反差，正是曼谷值得玩味的地方。

不過曼谷旅行的樂趣可不只如此，除了泰國料理，

也能品嚐到世界各地的多元美食，

還能體驗泰式按摩等舉世無雙的美容服務。

本書將介紹許多在曼谷可以從事的迷人活動，並配合最佳時段規畫行程，

無論初次造訪曼谷的人，還是熟門熟路的再訪旅人，

願本書都能協助大家安排一趟充實的旅行。

lamar

24H BANGKOK *guide* CONTENTS

THE HOTEL GUIDE

本書的閱讀須知

資訊標記說明

☎ =電話號碼　　🏠 =地址
🕐 =營業時間 ‧ 特定時期的營業時間可能與平時不同。
　閉業時間　　又，實際情況可能比書上標示時間更早或更晚，請以各
　　　　　　　商家機構公告為準。若為飯店，則代表入住與退房時間。
🔒 =公休日　　原則上只標示國定假日、年末年始以外的公休日。
R =費用　　　若該場所需要購票才能入內，則標示成人 1 人的門票費。
　　　　　　　飯店住房費用為每房每晚的價格，可能出現不包含服務費
　　　　　　　等諸費用的情況。
　　　　　　　不同季節，各商家設施可能調整收費。
⑤ =客房數
🚗 =交通方式　標示交通方式與距離出發地點所需的移動時間。
(MAP) P.000 A-0　標示該物件在地圖上的位置。
(CARD)　表示可以刷信用卡。
英語 日本語　表示員工會說英語或日語。

★本書刊載的資訊以 2023 年 7 月時之資訊為基礎。
★實際情形可能在本書出版後變動，參考本書資訊時請務必自行確認實際狀況。
★本書標示之所有價格皆包含消費稅。

Night (18:00 - 21:00)

Mid-Night (22:00 - 24:00)

Sawatdee Ka

สวัสดีค่ะ!

BANGKOK

整個城市就是一座超大型能量補給站!

曼谷是泰國的首都,佛教信眾多,整座城市擁有超過 400 座寺院。
目前迅速發展的市中心充滿能量,整座城市儼然一座大型的心靈充電站!
悠悠哉哉、落落大方的當地人,總是熱情地歡迎來訪的客人。

(泰國是這樣的國家)

泰王國 Kingdom of Thailand

☐ 人口:約6609萬人(2022年統計)
☐ 面積:約51萬4000km2(約台灣的14倍)
☐ 首都:曼谷
☐ 宗教:佛教約94%、伊斯蘭教約5%

(大致的物價)

☐ 便利商店的礦泉水 → 約10B(約8元)
☐ 攤販的咖啡 → 約20B(約18元)
☐ 餐館的泰式海南雞飯 → 約50B(約45元)
☐ 泰式按摩(30分鐘)→ 約150B(約130元)
☐ BTS(電車)1日通票 → 約150B(約130元)
☐ 計程車啟程運價 → 約35B(約30元)

(官方語言)

泰語

經常接待觀光客的飯店、餐廳和購物中心大多能
用英語溝通。而在地小吃店和攤販通常只能以泰
語溝通。

(時差)

−1時間

台灣與泰國的時差僅有 1 小時,不必擔心時差
問題。當地並無夏令時間的制度,因此全年時差
相同。

(飛行時間)

台灣→曼谷

約 **3~4** 小時　台灣有直飛素萬那普機場的航班。

(匯率)

(2024年6月)

1B = 約新台幣 0.9元

泰國的通用貨幣為泰銖(B)。幣值與物價水
準正隨著國家發展逐漸上升,不過傳統市場和
在地商家的物價還是很便宜,非常吸引人。

曼谷最熱門觀光景點
大皇宮、玉佛寺
所在的舊城區。

Grand Palace

大型購物中心林立
可以盡情購物的
熱鬧地區。

Siam

暹羅站

三峰站

龍蓮寺站

China Town

點著中文字霓虹燈
氣氛古樸的唐人街。
晚上也有好多攤販！

席隆站

BTS席隆線

Si Lom

開了許多熱門餐廳，
還有附設屋頂酒吧的
商辦區域。

BTS素坤蔚線

MRT藍線

素坤蔚站

阿索克站

Sukhumvit

咖啡廳、商店、
飯店滿載，
曼谷「最潮」的地區。

Chao Phraya River

流經曼谷市內的
大河。
搭船移動好開心♪

4DAYS PERFECT PLANNING

玩到最後一刻再搭乘深夜班機回家。

PLANNING:

DAY 1

抵達曼谷後，
窩進熱門飯店，
好好享受城市渡假村♪

從台灣飛往素萬那普機場的
班機大約需要3～4小時。
抵達當地後，先到預訂的飯
店辦理入住，然後出發享用
期待已久的泰式料理！

15:00 抵達曼谷！

16:00 曼谷最新的飯店渡假活動 P▶150

18:00 晚餐就決定吃米其林知名餐廳！P▶116

21:00 上屋頂酒吧觀賞迷人夜景 P▶142

曼谷瑪哈納功標準
酒店是當前最時髦
的設計飯店

Busaba Cafe & Bake Lab
的窗邊座位就能欣賞到大城
的拉嘉布拉那寺

PLANNING:
DAY 2
距離曼谷約90分鐘！
到古都「大城」
來趟小旅行

曼谷與大城之間可以當天來
回，大城有許多名列世界遺
產的寺院可以參觀。下午回
到曼谷，坐在咖啡廳裡稍事
休息，晚上再好好品嘗在地
料理。

曼谷的花卉咖啡廳
FLORAL CAFE at
NAPASORN

8:30	從曼谷出發
10:00	抵達大城
10:30	吃份船麵填飽肚子 P▶100
11:30	參觀世界遺產寺院 P▶101
18:00	花卉咖啡廳 P▶070
20:00	晚餐吃泰式料理 P▶120,122

位於昭披耶河岸邊
的鄭王廟

PLANNING:
DAY3
巡訪能量景點&
購物的一天♪

第 3 天的早上先造訪寺院，
補充心靈能量。下午前往規
模龐大的恰圖恰週末市集，
晚上再逛夜市，買到手軟之
前絕不善罷甘休。

9:00　逛遍金光閃閃的寺院 P▶018

11:00　選擇障礙！炒河粉vs泰式海南雞飯 P▶038

14:00　恰圖恰週末限定市集樂趣無窮！P▶056

18:00　冬蔭功LOVER不能錯過的第一站！P▶124

22:00　夜市就是要逛JODD FAIRS♡ P▶140

Mam Tom Yum Kung 的
在地感也很迷人

到人氣餐館 Pe Aor 品
嘗道地滋味

位 於 Talat Noi 的 Citizen
Tea Canteen of nowhere

PLANNING®
DAY4
最後一天也要玩到晚上！
前往時下最熱門的Talat Noi♡

千萬不能錯過開設許多可
愛咖啡廳的地區．Talat
Noi。回國前再找間 SPA
會館消除旅途的疲憊，帶
著整頓好的身心靈，搭乘
夜晚的班機開心回家！

空間設計也很優
雅的綠洲水療素
坤蔚 31

011

雖然早餐在飯店吃也不
錯，但難得出國，不如
品嘗一下當地美食。例
如到龍頭咖啡（P.22）
品嘗看看稀飯搭配中華
小菜的套餐

RANGKOK THE REST TIME

IN THE

Morning

08:00 - 10:00

曼谷人起得早，市場和攤販從早上 6 點便
開始營業，寺院也是早上 8 點左右起開放
參觀。由於當地的午後時段比較炎熱，建
議大家入境隨俗，趁著還涼爽的早晨行動
會舒服許多。

8:00

先前往能量景點，鼓足旅遊的心情

到神祕的 水門寺 滋養心靈！

曼谷數一數二
美輪美奐的寺院

來泰國旅遊的遊客，一定會安排參觀寺院的行程。寺院之所以成為泰國的觀光景點，原因不外乎其華美的設計，金碧輝煌刺眼的地步，與許多亞洲國家的寺院完全不同。華麗絢爛的裝飾不只拍照好看，靜靜欣賞也能是振憾神。對我來說，參觀泰國寺院可以補充心靈的能量。曼谷有許多美麗的寺院，其中就以水門寺特別

出眾！爬上佛塔頂樓，飽覽晶瑩剔透的翠綠琉璃佛塔和壯麗的天花板彩繪，教人不禁嘆為觀止。沿著天花板弧度漸變的色調，看久了覺莫名有種置身于宇宙的感覺。據說每天前來感受這種神祕氛圍的遊客大看五百人次，所以建議大家挑人潮較少的清晨前來。推薦參觀順序是先爬上佛塔頂樓，然後一層一層往下走，欣賞各個樓層的展示品。最後再依照大佛、大雄寶殿的順序參拜。

3 個不容錯過的景點！

高度約 70m！
瞻仰巨大佛像

據說這尊 2021 年完工的黃金佛像，是世上最大尊的冥想佛像。若搭乘 MRT 前往水門寺，即可從車窗拍下佛像正面！

到大雄寶殿參拜
前僧正龍婆術

大雄寶殿供奉著前僧正龍婆術（Luang Pu Sodh），他開創了新的坐禪和冥想理論「法身佛冥想法」，對泰國佛教發展影響深遠。

展示古老佛像等
文物的博物館

佛塔 3 樓是一座博物館，展示佛像、佛教貴重資料和法具。館藏豐富，可以大飽眼福！

水門寺
Wat Paknam

水門寺的正式名稱為 Wat Paknam Bhasicharoen。這座寺院是泰國阿瑜陀耶時代建造的皇室宗廟，歷史相當悠久，日日吸引大量國內外訪客前來參觀。

曼谷西部 [MAP] P.162 D-2
♠ 2/300 Ratchamongkhon Prasat Alley ◷ 8:00～18:00 ⏰
無休 ⑪ 自由參觀 ⑮ 自 MRT 邦派站步行 12 分鐘

無論看幾次都好感動！

BEST TIME 8:30

趁著氣溫涼爽、人煙稀少的上午前往！

2hr遍覽玉佛寺&大皇宮

還可以觀賞衛兵行軍！

先繞著玉佛寺逛一圈

20 min

供奉玉佛的殿堂

1 大雄寶殿

玉佛寺最大的看點，就是那尊傳說於 15 世紀入寺的玉佛像。大雄寶殿內部禁止攝影，請務必注意。

玉佛寺 & 大皇宮

Wat Phra Kaew & Grand Palace

曼谷數一數二的景點

白色圍牆內約 20 萬 m² 的土地上，大皇宮和玉佛寺相鄰而立。現在泰國皇室依然會在大皇宮舉辦重要典禮。

大皇宮周邊 **MAP** P.163 B-2

🏠 Na Phra Lan Rd. ⏰8:30 ～ 15:30 🔒無休 💰門票500B 🚇自MRT沙南猜站步行15分鐘 **CARD**

泰國最金碧輝煌的「祖母綠佛寺」！

在泰國無數宮殿中，最具權威的莫過於「大皇宮」。大皇宮園區內有好幾座斑斕絢麗的寺院，是曼谷最熱門的觀光景點。

其中大名鼎鼎的「玉佛寺」建於1782年，為泰國現代王朝節基王朝（另譯卻克里王朝）成立時建造的護國寺，絕對值得一探究竟！園區內除了宮殿和多座寺院，還有博物館，如果細細參觀可能需要花上兩小時，建議挑早上遊客較少的時候前來。

B 節基皇殿 Hakri Maha Prasad

10 min

建於 1877 年，混合了泰式風格與維多利亞風格的石灰牆宮殿。目前為招待國賓的迎賓館。

A 阿瑪林宮 Amarin Winitchai Hall

10 min

進入大皇宮園區後率先看到的宮殿，外部擺設許多中國風雕像，內部不開放參觀，僅用於國家典禮。

大皇宮周邊的看點

入園時需檢查服裝，不可穿著會露出肩膀與膝蓋的服裝。

016

玉佛寺

Na Phra Lan Rd.

⑥

② ③ ④

⑤

售票亭

錢幣博物館

咖啡廳

武隆碧曼宮

Ｄ

Ｃ Ｂ Ａ

大皇宮

N

0 100m

入口

Sanam Chai Rd.

10 min

金光閃閃的佛塔

② 舍利塔

Manor Borom Phiman

錫蘭式佛塔，不開放入內參觀。據說內部安置了佛陀的舍利子。

寺院裡的柬埔寨!?

③ 巨大吳哥窟模型

10 min

傳說暹羅（今泰國）國王拉瑪四世出巡領地高棉（今柬埔寨）時，被吳哥窟的美麗打動，於是命人打造出這座模型。

178幅精彩的壁畫

⑥ 迴廊壁畫

10 min

寺院外圍的迴廊牆上，畫著泰式風格的《羅摩衍那》故事，請按順時鐘方向觀賞。

拍照好地點！

寺院內最古老的建築物

⑤ 雙金塔

Phra Suwan Chedi

10 min

高約16m的兩座金塔，塔座有古印度史詩《羅摩衍那》中出現的猴神與夜叉王像。

10 min

多元建築風格混雜

④ 碧隆天神殿（皇室宗廟）

泰式風格建築搭配高棉式高塔。神殿內部平常不開放，僅會於特定節日開放參觀，一年7次。

Ｄ 玉佛寺博物館

20 min

這座神殿殿的建築物內，展示了玉佛寺修繕相關的文物，以及各種兵器、槍砲。

Ｃ 律實殿（兜率殿）&阿蓬碧莫涼亭

Dusit Maha Prasat & Aphorn Phimok Prasat

10 min

拉瑪一世建造的十字造型寢殿。旁邊金色的阿蓬碧莫涼亭也值得一看。

精巧的
螺細工藝

腳底

來到臥佛寺，絕對不
能錯過佛像腳底上 108
幅象徵佛教世界觀的繪
畫。

長達
46m

BEST TIME
祈福效果也是一級棒
9:00 逛遍金光閃閃的寺院

**參觀美麗的寺院
補充精氣神！**

泰國有 9 成以上的民眾信
奉佛教，據說曼谷市內的寺院
就超過 400 座以上。其中赫
赫有名的三大寺廟分別為玉佛
寺（P.16）、臥佛寺、鄭王廟
（P.20），除此之外還有許
多匠心獨具的寺院。推薦大家
不妨也安排時間前去看看這些
既神祕又美麗的寺院，觀賞黃
金佛像與佛塔，還有色彩繽紛
的瓷磚裝飾，從中找出自己
喜愛的景點吧。因為有不少
寺院一早就開放參觀，建議
趁涼爽的早晨或傍晚前往。

臥佛的背面擺了 108 個缽，據說放入撒丹幣(可於寺內兌換)即可消除煩惱。

周圍還有
好幾座佛塔！

❷ 4座佛塔

這4座佛塔不只是寺院的象徵，也分別代表了泰王拉瑪一～四世，據說裡面存放了泰王的遺物。

❹ 迴廊

大雄寶殿周圍的雙重迴廊擺著整排的黃金佛像，總數約有400尊！

❸ 西側佛堂

坐鎮在這裡的佛像是以那伽（蛇神）守護佛陀不受雨打的形象來呈現。

❺ 大雄寶殿

外面貼上金箔的銅製佛像為本尊。據說其台座下收藏著拉瑪一世的遺物。

參觀路線圖

N
0　500m

王孫寺 ❺
●玉佛寺&大皇宮
●蘇泰寺
❶臥佛寺 ❹
❸拉查波比托寺
MRT藍線 　三峰站
❷鄭王廟
沙南猜站

019

Visit 1

拜見從頭到腳
金光閃閃的涅槃釋尊！

❶ 臥佛

這尊由拉瑪三世下令打造，全長46m、高15m的黃金臥佛像，表現出佛陀涅槃（逝世）時的姿態。

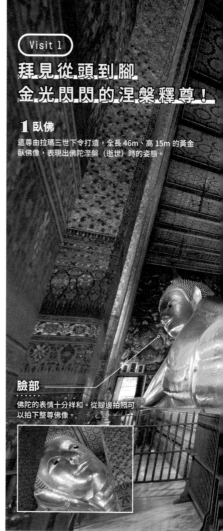

臉部

佛陀的表情十分祥和。從腳邊拍照可以拍下整尊佛像。

臥佛寺
Wat Pho

別名菩提寺

泰國現代王朝「節基王朝」首任國王拉瑪一世為僧侶重建的修佛場所。這裡也是傳統泰式按摩的發源地，開放民眾於境內按摩。

大皇宮周邊 MAP P.163 B-3
🏠2 Sanamchai Rd. ⏰8:00～18:00 🚫無休 💵門票200B 🚃自MRT沙南猜站步行5分鐘

換上傳統泰服
拍照留念！

鄭王廟也是許多網友喜愛的拍照景點。
附近有租借傳統泰式服裝的商家。
SENSE OF THAI P▶032

1 大佛塔

位於寺院中央，約 75m 高的巨大佛塔。外牆貼滿色彩繽紛的瓷磚裝飾，極其壯麗。周圍 4 座小佛塔同樣貼滿了瓷磚裝飾。

2 山門

北側山門為泰國傳統樣式，其屋頂設計極具蘭納建築的特色。兩旁還有拉瑪堅的夜叉雕像鎮守。

4 大雄寶殿

大雄寶殿內供奉著佛陀本尊，牆上則畫著佛陀的一生。

樣樣都繽紛

3 迴廊

穿過山門，就是圍住大雄寶殿的迴廊。廊側擺了約120 尊金色佛像，色彩斑斕的壁畫也相當美麗。

Visit 2

五彩繽紛的可愛磁磚藝術！
鄭王廟 (黎明寺)

Wat Arun

這座佛教寺院緊鄰著昭披耶河，其貼滿瓷磚的佛塔建立於 19 世紀初，能夠從階梯爬到佛塔中段的地方。

大皇宮周邊 **MAP** P.163 A-3
⌂34 Arunamarin Rd. ○8：00～17：30 無休 門票100B
自塔田碼頭搭渡輪3分鐘

搭渡輪
前往鄭王廟！

鄭王廟的位置位於大皇宮和玉佛寺所在的舊城區對岸，從塔田碼頭搭乘渡輪前往是相當方便的交通方式。
單程船票一張
5B。

三島由紀夫的《曉寺》就是以鄭王廟為原型創作的小說。

020

ⒸＴＡＴ觀光局

Visit 3

絕對不能錯過
馬賽克瓷磚佛塔

拉查波比托寺

Wat Ratchabophit

1869 年建立的皇室宗廟。來這裡一定要欣賞使用 5 色馬賽克瓷磚裝飾的佛塔，大雄寶殿內部也有一些哥德風等受歐洲影響的裝飾。

大皇宮周邊 (MAP) P.163 B-2
🏠2 Fueang Nakhon Rd. ⏰6：00 ～ 18：00
🔓無休 🎫自由參觀
🚇自MRT三峰站步行10分鐘

Ⓒ泰國觀光局

❶裝飾十分富麗，外牆還鑲著珍珠 ❷包圍佛塔的圓形迴廊

Visit 4

蘇泰寺
整個曼谷最美麗的佛像

Wat Suthat

這裡供奉著泰國最大的青銅佛像，甚至有「曼谷最美佛像」之稱。寺外有座型似日本鳥居的巨大鞦韆，據說以前會用繩索吊起小船，舉行宗教儀式。

大皇宮周邊 (MAP) P.163 C-2 🏠146 Bamrungmuang Rd. ⏰8：30 ～ 20：00 🔓無休 🎫門票100 B
🚇自MRT三峰站步行10分鐘

❶高約 8m 的釋迦牟尼佛像 ❷佛殿外觀。內部的壁畫與精緻的木雕門扉都相當美麗 ❸高約 21m 的「大鞦韆」就位於寺院正面的馬路上

❶緊密排列成金字塔造型的尖塔，表面都貼著金箔 ❷爬上中央塔內的 67 級樓梯，即可登上塔頂，一覽周圍風景

Ⓒ泰國觀光局

從遠處看
也很漂亮

Visit 5

37座美麗動人的
黃金尖塔！
王孫寺

Wat Ratchanatdaram

受到斯里蘭卡影響的暹羅風建築樣式極具特徵。據說 37 座金色尖塔代表了「三十七道品」（佛教徒邁向開悟的 37 條修行方法）。

大皇宮周邊 (MAP) P.163 C-2
🏠2 Maha Chai Rd.
⏰8：00 ～ 17：00 🔓無休
🎫自由參觀 🚇自MRT三峰站步行13分鐘

Ⓒ泰國觀光局

想不到吧，稀飯可是泰國的國民美食。
料多實在的超美味稀飯！

耀華力路（唐人街）的
超人氣時尚咖啡館

Blossom Flower Tea
花草茶 180B

Lhong Tou Shumai
龍頭燒賣 79B

1 特色十足的雙層床造型包廂，在 Instagram 上話題不斷 **2** 全店採中式裝潢，怎麼拍都好看

龍頭咖啡
Lhong Tou Cafe
這家漂亮的咖啡館，在旅遊旺季一定要排隊才進得去。店裡的中國茶品項齊全，風味道地，只點飲料也 OK。
唐人街 MAP P.170 E-1
☎064-935-6499 🏠538 Yaowarat Rd. ○8:00～22:00 🔒
無休 🚇自MRT龍蓮寺站步行5分鐘 CARD 英語

**Chinese Kale
with Oyster Sauce**
蠔油芥藍 69B

Chinese Breakfast Set
中式早點套餐 129B

最受歡迎的餐點為稀飯配中式香腸、鹹蛋黃等小菜的套餐。單點的點心分量也恰到好處。餐點全天供應。

泰國的稀飯有兩種。另一種叫作「Khao Hom」，形式比較類似湯泡飯。

泰國人日常生活中不可或缺的靈魂食物

咖哩、炒河粉、冬蔭功都是很受歡迎的泰國菜，不過稀飯更是當地人天天吃的泰國靈魂美食之一。泰國的稀飯叫做「Jok」，特色是將米粒熬至化開，質地相當濃稠。泰國街上到處都有稀飯店和稀飯攤，從早到晚都以溫和的滋味餵飽當地人。什麼？你說難得出國一趟，所以不想吃稀飯？別擔心，泰國人吃稀飯會搭配豐富的配料，套餐附的小菜也相當美味，包含肉丸、內臟、皮蛋等等，保證分量十足。雖然稀飯口味比一般的早餐來得清淡，但還是推薦給在後續的行程中還想大快朵頤的朋友，因為這樣也可以多留點肚子，多跑幾間咖啡館♪。

店門口的大鍋子滾著稀飯。聽說作法是將生肉丸和米飯一起下鍋，熬出湯底

一大早就忙進忙出！

Joke Samyan

在曼谷開了好幾間分店的知名稀飯連鎖店，這間是總店。多汁飽滿的肉丸深得人心，其中又以加半熟蛋、加各種內臟的 2 種口味特別受歡迎。

席隆站周邊 MAP P.167 A-1
☎ 085-864-1110 🏠 245 Chula 11 Rama IV Rd. ⏰5：00～9：30、15：00～20：00 🚫無休 🚆自 MRT 山燕站步行 6 分鐘

Pork Congee Egg
豬肉蛋稀飯 50B

Pork+Liver+Stomach
+Intestines Congee
豬肉＋豬肝＋
豬肚＋豬腸稀飯 50B

1泰國人吃稀飯時也喜歡額外添加酥酥脆脆的油條（5B）**2**店內牆上掛著好幾張必比登推介的貼紙 **3**當地人與觀光客都愛吃。從早上開門直到打烊，客人絡繹不絕。

王子戲院豬肉粥

Joke Prince

創業超過 70 年的老店，連年登上米其林指南必比登推介的名單。稀飯溫和的湯來自肉丸本身的鮮味，沒有另外調味。

昭披耶河周邊 MAP P.170F-4 ☎081-916-4390 🏠1391 Charoen Krung Rd. ⏰6：00～13：00、15：00～23：00 🚫無休 🚆自BTS沙潘塔克辛站步行5分鐘

老闆娘彭添女士

Congee with Pork, Offal, Preserve egg, Egg
稀飯＋豬肉、內臟、皮蛋、蛋
75B

推薦坐在充滿綠意、空間寬敞的戶外座位。遠離都市喧囂，感受靜謐時光

Fran's Avocado Breakfast
招牌酪梨早餐
490B

Avocado & Coconut Smoothie
酪梨椰子果昔
220B

不加牛奶，質地卻綿滑無比。甜味的部分也是用椰棗代替砂糖

Fennel & Mango
茴香&芒果
290B

1 獨棟的咖啡廳店面有種歐洲風情，很多人都喜歡來這裡拍照打卡 **2** 店內空間挑高，開闊感十足

全日供應，店內最暢銷的早餐拼盤，可以吃到各種食材的風味

Lemon Poppy Seed Ricotta Pancakes
檸檬罌粟籽
瑞可達起司鬆餅 360B

芒果片底下有滿滿的奶油乳酪

Fran's - Brunch & Greens

全曼谷最難訂的咖啡廳，尤其週末時段更需要趁早預約。餐點選擇豐富，除了早餐之外，還有義大利麵和排餐等等，無論點哪一道都不會失望！

席隆站周邊 MAP P.166 F-3
☎069-2131-0786 ⬛58 Ngam Duphli Alley Thun Maha Mek, Sathon Rd. ⏰8:00～18:00
🔒無休 🚇自MRT倫披尼站步行8分鐘 CARD 英語

Parma Ham & Burrata
帕馬火腿&布拉塔
起司480B

豪邁地放上一大塊布拉塔起司

罌粟籽的口感與檸檬乳酪的酸味讓鬆餅吃起來富含變化

曼谷現在也很流行酸種麵包，Fran's的酸種麵包更是人稱全曼谷最好吃的酸種麵包。

BEST TIME 9:00

跟上早午餐的流行，化身最時尚的曼谷之子♡

到萬綠叢中的南國咖啡廳，
展開爽朗的一天

曼谷美食界掀起了一股歐美風早午餐熱潮。以下介紹的兩間店，無論餐點的味道還是店面環境，都堪稱曼谷最頂尖的咖啡廳！

露天座位區的池塘映著日光，頗有南國渡假村的氛圍。抓準機會搶占沙發座位，就能度過悠哉時光。

環境堪比高級渡假飯店

充分療癒身心的咖啡廳♡

酥脆培根搭配甜蜜楓糖，鹹甜鹹甜的幸福滋味♡

Ultimate French Toast
極致法式吐司
270B

Egg Benedict Prosciutto
生火腿班尼迪克蛋
290B

濃郁的醬料與生火腿的黃金組合！

義大利麵品項都是使用店家自製生麵的正統派風格

Fruit Basket Iced Tea
水果籃冰茶
160B

Crab Arrabiata
香辣茄醬螃蟹通心粉 490B

Kay's

這個品牌開了 3 間分店，這裡介紹的是第 2 間分店。招牌餐點是號稱曼谷 No.1 的法式吐司。消費採無現金交易，所以大家別忘了準備信用卡。

素坤蔚路路周邊 (MAP) P.168 D-2
☎095-859-4496　🏠49/99 Sukhumvit 49 Rd.　⏰7:30～22:00
🚪無休　🚶自BTS澎蓬站步行15分鐘
(CARD) (英語)

喝茶之餘還能享受水果丁的口感

攤販&市場好吃又好逛

BEST TIME
9:00

趁早逛逛倫披尼公園！

倫披尼公園綠意盎然，是當地人調劑身心的好去處。
上午還有早市可以逛，可以感受一下熱鬧的氛圍♪

倫披尼公園

Lumphini Park

建議挑早一點的時段前往

這座都會綠洲棲息著超過30種野鳥。
早上5點～10點左右，公園西側停車
場還有早市可以逛。有些攤商可能9點
左右就收攤了，所以建議趁早前往。

席隆站周邊 MAP P.166 E-1
🏠 Rama IV Rd., Ratchadamri Rd.
◎自由入內 🚇自MRT席隆站步行1分鐘

★→★→★ 倫披尼公園的水池裡有最大體長 2m 的澤巨蜥，相當壯觀！

推薦的散步路線大概是這樣！

也可以買杯飲料

滿是大自然的公園

攤販會販售麵料理、熱湯等餐點，可以坐在攤位附近的桌位享用。

攤販類型多元，有蔬菜、水果、鮮魚，還有傳統泰國點心。

先從公園西側的早市逛起。停車場滿滿的陽傘下都是攤販。

在長椅上稍事休息

公園外圍也有不少攤販，主要集中於公園北邊的 6 號門附近。

公園南側也有美食街，這些商家大多 9 ～ 10 點就打烊了。

填飽肚子後到公園散步，看看能不能找到水池裡巨大的澤巨蜥！

推薦以下幾個早餐攤販！

煎餅＆荷包蛋

煎餅＆荷包蛋 60B

現點現做！

這個攤販位於 6 號門附近，提供鐵板煎餅搭配小鍋裝的荷包蛋。

可頌

可頌 50B

憑藉美味可頌打響名號的麵包攤，麵包賣完即打烊（週二公休）。巧克力口味 60B。

咖啡＆泰式奶茶

也有專賣飲料的攤販，販賣法蘭絨濾布手沖咖啡、泰式奶茶和果汁。

泰式奶茶 20B

也有英文菜單

湯

高勞（豬下水湯）60B

可以自行添加調味料

早上最適合來碗湯。常客都愛料豐味美的高勞，還可以加點白飯（5B）配著吃。

10:00

願望成真的速度快 3 倍!?

刻在心底的願望，就告訴粉紅象神！

想要到曼谷郊外北柳府（差春騷府）參拜巨大象神，建議包計程車前往，或是參加當地的導覽行程。

高24m
寬16m！

Krungthai
NEXT

根據自己生日的星期數，向對應的鼠神像許願。例如金色鼠神像可以庇佑財源廣進。

028

粉紅象神廟（象神寺）

Wat Saman Rattanaram

從曼谷出發
車程1.5小時

傳說許下願望不久後就會成真

象神周圍有 14 尊鼠神像，據說只要向鼠神許願，鼠神就會代替我們將願望轉達給象神迦尼薩。信眾前來這座象神廟主要所求的是學業和事業。

曼谷郊外 MAP P.162 F-2
🏠 Moo 2, Tambom Bang Kaeo, Amphoe Muang Chachoengsao ☺ 8：00～17：00 🔒無休 ⓑ自由參觀 🚗自曼谷搭車1小時30分鐘

參拜請跟著我做！

還可以買到小老鼠供品

1 購買供品

先於象神像前面的香舖購買蠟燭和線香等供品，再進門參拜。

2 將願望偷偷告訴鼠神

在鼠神耳邊悄悄說出自己的願望。記得要摀住鼠神另一邊的耳朵，鼠神才不會左耳進，右耳出。

試試看抽張籤！

蓮花模型附近還可以拜拜求籤（10B），上面寫著運勢和建議，還有英文翻譯。

色彩鮮艷的鼠神像

拍照好地方

象神旁邊的河川上有一些蓮花模型，附近還有阿修羅與龍等雕像，好像一座主題樂園。

倫披尼公園的釀豆腐攤
Lumphini Park

適合早上來一碗的清爽湯麵

位於倫披尼公園停車場，只於早上營業。釀豆腐湯頭不酸也不辣，味道十分溫和，搭配口感滑嫩的米麵簡直是絕配。

席隆站周邊 [MAP]P.166 D-1 ☎無
🏠Ratchadamri Rd. ⏰6:00～售完為止
🚇週一 🚶自MRT席隆站步行7分鐘

1 攤販聚集於拉差當梅路（Ratchadamri Rd.）的停車場
2 許多在地美食攤販只於早上時段營業

超好吃！
aroi maak!!

早上起床的第一餐，先來點道地美食♪
早上才有的街頭美食

口感類似人烏龍麵白子扁麵條！

滑滑辣又嫩的口感

湯裡還有好幾塊豬血

小魚丸

米粒紅色的湯汁！？

Yentafo
เย็นตาโฟ
釀豆腐

加了「紅腐乳」（以紅麴發酵豆腐製成的食品）的麵食，麵條是用米穀粉製成，較寬的米麵稱為「sên yài」（粄條）。湯裡還有魚丸和豬血等配料。

苦甜不辣

空心菜

釀豆腐 Yentafo 45B

IN THE **MORNING** (08:00-10:00)

大大的鍋子裡擺著好幾種口味的湯！

連碗跟盤一起給這大鍋加熱

每一碗都熱騰騰熬出精華

Naam Sup
น้ำซุป
湯

早上來一碗料多多的清湯也不錯。湯頭精華全來自湯裡的用料，每一碗都喝得到那碗湯獨特的滋味。

冬瓜鴨肉湯 70B。
冬瓜燉得綿綿軟軟

冬瓜

鴨肉

小心燙口

加些生辣椒換個口味！

苦瓜

排骨

苦瓜排骨湯
Bitter Ground Pork Ribs Soup
60B

Por Krua Thuen
藏在巷子裡的名店

當地人讚不絕口的中式泰國料理餐館，店面一排大鍋子裡隨時煲著15種燉湯，上桌時保證是燙的。

昭披耶河周邊 [MAP]P.162 D-3 ☎02-289-5105 🏠2351/26 Charoen Krung Rd., Soi 91 ⏰9:00～15:00 🚇週六 🚶自BTS沙潘塔克辛站搭車5分鐘

排鍋子吧！

030

這個就是尖米丸

尖米丸
Ki Ym Xi
55B

豬肉

味道相當帶勁 胡椒味十足

絞肉

配料很多，有一定的飽足感。可以點大碗或是不加麵

還有許多豬肉內臟

Kiem Yi
เกียมอี๋
尖米丸

換換口味？

砂糖

辣椒粉

尖米丸是一種中式短米麵，口感鬆軟滑嫩，吃的時候要用調羹，可以自行添加辣椒粉和醋調味。

糖醋漬青辣椒

Kiem Yi Xi Brangjesun

唐人街在地小館

高勞（含豬肉與豬內臟的中式下水湯）專賣店，麵條可選尖米丸、黃麵、米粉、河粉、粄條。
唐人街 MAP P.170 E-1
☎081-3580760 ⚲506 Phlap Phla Chai Rd. ◷9:00～14:00 🔒無休 🚉自MRT龍蓮寺站步行2分鐘

豆腐薑湯
Taofu Naam Khin
20B

Taofu
เต้าหู้
豆腐

現做的豆腐最適合剛起床的時候享用。溫熱的豆腐薑湯還可以自由搭配油條、羅勒籽、豆子、麥子等配料。

酥酥脆脆的油條

有夠嫩

薑湯的薑味很夠味

入口即化的豆腐

覺得太辣可以加粗糖平衡一下味道

Bamee
บะหมี่
麵

Bamee 就是用麵粉做的麵，有乾麵也有湯麵。點餐時，想吃湯麵請說「Bamee Nam」，想吃乾麵請說「Bamee Haeng」。

也可以點乾麵～

風味清爽的湯麵

Bamee Naam 80B
湯麵

更加好吃的魚露

Kuaytiaw Luuk Chin Plaa Je Ple

與鮮美魚丸一起享用

只有泰文菜單的在地餐館。加了魚丸和甜不辣等配料的清爽湯頭，配麵吃恰恰好。還可以自行添加魚露和辣椒。
唐人街 MAP P.170 E-1 ☎098-691-5162
⚲166 Thanon Santiphap Rd.
◷9:00～13:00 週日 🚉自MRT龍蓮寺站步行3分鐘

班哲希利公園後方的豆腐攤 Benchasiri Park

當地居民光顧的早餐限定攤販

班哲希利公園後方路上，有一個華裔老闆經營的豆腐料理攤販。很多當地人到公園散步的回程都會過來外帶早餐。這裡也有賣豆漿和油豆腐。
素坤蔚路周邊 MAP P.169 C-2
☎無 ⚲Sukhumvit Rd. ◷6:00～10:00
🔒週一 🚉自BTS澎蓬站步行7分鐘

曼谷早晨的點點滴滴

MORNING TIPS

選擇服裝
多種顏色與花紋任君挑選,可以發揮創意自行搭配喜歡的上下著!

換裝
可以請店員協助於店內更衣室換裝。換下來的衣服可以寄放在店裡。

挑選配件
還可以選擇自己喜歡的包包和飾品搭配。不過鞋子要自己準備,記得穿著涼鞋或其他適合搭配泰式傳統服裝的鞋子。

店面附近的鄭王廟(P.20)也是許多人喜歡拍照的地點。

傳統泰式服裝

ชุดไทย

不必事前預約!
隨到隨租的民俗服裝體驗

SENSE OF THAI 不必事先預約,也能租借傳統泰式服裝與包包等配件。這種不必事前準備,到場就換裝的體驗,一定能為這趟旅行留下珍貴的回憶。更棒的是服裝可以租一整天,只要在店家打烊前歸還就好。

SENSE OF THAI
大皇宮周邊 MAP P.163 A-2 ☎094-321-5225 🏠 1/11 Trok Mahathat, Maharaj Rd. 瑪哈拉碼頭文青市集 2F ○10:00～18:30 🚫無休 🅗服裝租借費600B起 🚇自MRT沙南猜站搭車5分鐘 CARD 英語

能量景點

จุดรับพลัง

曼谷不是只有寺院!
城市裡的心靈補給站

聲名遠播的「伊拉旺神壇」是一座印度教神廟,總是能看到許多國內外參拜者。從伊拉旺神壇步行可達的三面愛神廟與象神像,則是以求取戀愛和事業聞名。抱著輕鬆的心情過來看看,補充能量也是不錯的行程。

金光閃閃的供品

伊拉旺神壇
(四面佛廣場)
Phra Phrom
暹羅站周邊 MAP P.164 D-2 ☎無 🏠494 Ratchadamri Rd. ○6:00～23:00 🔒無休 🅗自由參觀 🚃自BTS奇隆站步行2分鐘

三面愛神廟&
象神像
Trimurti Shrine & Ganesha Shrine
暹羅站周邊 MAP P.164 D-2 ☎無 🏠4 Ratchadamri Rd. 中央世界購物中心 ○自由參觀 🚃自BTS奇隆站步行3分鐘

宋干節

สงกรานต์

一年一度的「潑水節」
可別想乾著身子離開

宋干節是泰國四月舉國慶祝舊曆新年的節日。泰國以前有晚輩盛水淋在長輩手上淨身的習俗,近年來這一習俗轉變為人們相互用水槍或水桶潑水慶祝的活動,無論彼此認不認識。這時走在街上,隨時都有可能被潑水喔!

水上市場
ตลาดน้ำ
一早就出門逛逛露天市集♪

想要好好逛逛戶外的市場，最好挑氣溫涼爽的早晨時段。
像是擁有整池蓮花的紅蓮花水上市集、可以一窺平民生活
的大林江水上市場，都是值得特地走一遭的景點。

© 泰國觀光局

從曼谷搭車
大約
1小時30分鐘

紅蓮花
水上市集
Red Lotus Floating Market

曼谷郊外 (MAP)P.162 D-1
🏠 Bang Len ⏰8：30～17：30
🚫無休 🚗自曼谷搭車約1小時
30分鐘

© 泰國觀光局

大林江水上市場
Taling Chan Floating Market

曼谷西部 (MAP)P.162 D-2
🏠 Khlong Chak Phra, Taling
Chan ⏰週六、日，國定假日的
8：00～17：00 🔒週一～五
🚗自 MRT 邦昆農功站搭車 10 分
鐘

© 泰國觀光局

© 泰國觀光局

博物館
พิพิธภัณฑ์
稍微離開曼谷市中心
前往超熱門的美麗景點

曼谷東北欖府有一間三頭象神博物館，
是現在社交媒體上最熱門的景點，有非常
多值得拍照的地方，例如巨大的三頭象神
像和彩繪玻璃。

從曼谷市內
搭 乘 BTS
即可抵達

三頭象神博物館
The Erawan Museum

曼谷郊外 (MAP)P.162 E-3
☎02-371-3135-6 🏠99/9 Moo 1,
Bang Mueang Mai, Mueang Samut
Prakan ⏰9：00～18：00 🚫無休 🎫門
票400B 🚗自BTS三頭象神站(Chang
Erawan)搭接駁車3分鐘 (CARD)(英語)

© The Erawan Museum

攤販
แผงลอย
融入在地人群，品嘗在地美食

有些攤位可能無法用英
語溝通，建議大家記住
一些攤販常用的泰語，
好好享受當地氛圍。也
別忘了試試看泰國人熟
悉的調味料！

泰國常見的調味料 (เครื่องปรุง)！

魚露　　辣椒粉　　醋辣椒　　砂糖

預習攤販常用泰語

我要這個	Ao Anni	เอาอันนี้
請問多少錢	Taoraika	เท่าไหร่ คะ
不要加辣	Mai Ao Pe	ไม่เอาเผ็ด
好吃	Aroi	อร่อย
普通分量	Tamada	ธรรมดา

換匯
แลกเงิน
換幣就到匯率最好的
superrich！

曼谷街上有許多換匯所，其
中口碑最好的是橙色或綠色
LOGO 的「superrich」。

☐ 中央世界購物中心內
　(MAP)P.165 C-2
☐ 王權瑪哈納功大廈附近
　(MAP)P.167 B-2
☐ 阿索克站內
　(MAP)P.169 B-1
☐ 素萬那普機場內

參拜禮節
ไหว้พระ
不能穿著太裸露的服裝
肩膀和膝蓋都不能露出來

很多寺院都不允許民眾穿著無
袖上衣或迷你裙入內。不過某
些遊客較多的寺院可以租借圍
巾或紗巾。

有些寺院
可以借服裝

AROUND
Mid-Day
11:00 - 14:00

曼谷的午餐選擇多到眼花撩亂！有小餐館、路邊攤的在地美食，近年更有米其林星級精緻泰國料理餐廳，以及話題不斷的無國界料理餐廳。餐後還可以悠哉散步，欣賞在地街景。

Charmgang Curry Shop（P.36）以現代風格詮釋泰國家庭料理，尤其咖哩堪稱絕頂美味

12:00

陷入深奧無比的咖哩世界！

經典泰式咖哩就挑這幾間

咖哩是泰國人熟悉的日常飲食，每個家庭都有自己的咖哩口味。
那些使用道地香料與材料、滋味深邃無比的咖哩，絕對值得好好品味。

味道清新的白肉魚丸，與口感溫和的咖哩非常相襯

加了在泰國很受歡迎的蓮霧，增添獨特的鮮脆口感

**蝦子&蓮霧
湯咖哩** 🌶🌶🌶

魚丸綠咖哩 🌶🌶

Green Curry with
Clown Featherback Fish Balls
七星飛刀魚丸綠咖哩
135B

Tumis Curry with Tiger Prawns
and Rose Apple
草蝦蓮霧炒咖哩
560B

Stir Fried Cowslip Flower
with Minced Pork
肉燥黃花九輪草
120B

熱炒黃花九輪草的花
苞，獨特的風味和口感
令人欲罷不能

Phanaeng Curry of Braised Beef Cheek
燉牛頰帕能咖哩
590B

放了好幾塊軟爛牛頰肉
的濃郁咖哩，裡面還加
了小魚乾和發酵大豆增
添風味層次！

Fluffy Crab Meat Omlet
毛蟹蛋包飯
120B

包了大量蟹肉，口感軟
嫩的蛋包飯，滋味簡樸
溫暖

塞了滿滿
蟹肉

Thai Caramel Rice Bar and Banana with
Toasted Coconut Ice Cream
泰式焦糖米菓＆香蕉佐烘椰冰淇淋
220B

吃一口冰淇淋，馬上能
感覺到烤椰子的香氣漫
開。記得配香蕉一起吃

Krua Apsorn

皇室御廚開的餐廳

老闆於泰國前任國王的母后一代便擔
任皇室御廚，如今他將皇室喜愛的祕
密食譜帶入民間，以實惠的價格提供
給普羅大眾。

曼谷西部 MAP P.162 D-2 ☎02-668-8788
🏠503/505 Samsen Rd. ⏰10:00～19:30
🚫週日 🚇自BTS帕亞泰站搭車10分鐘 CARD 英語

Charm Gang Curry Shop

將家常味升級成餐廳好菜

招牌餐點是參考傳統家庭料理食譜，
並運用高級素材加以昇華的咖哩。也
會隨著季節變換而使用當季食材製作
限量的特殊口味。

昭披耶河周邊 MAP P.170 D-4 ☎098-882-3251 🏠14,
35 Charoen Krung Rd. ⏰12:00～14:00（週六、日）、
18:00～22:00 🚫無休 🚇自MRT 華藍蓬站步行10
分鐘 CARD 英語

◆◆◆ 很多咖哩看起來很辣，其實口味相當溫和。怕辣的人建議向店員確認一下！

濃郁的鴨肉咖哩

"Gaeng Kaek" of Duck Leg
香料鴨腿咖哩 650B

以瑪薩拉香料粉打造出特徵為濃郁滋味的咖哩。請拌著果乾、椰奶、蒜片一起吃

Clear Soup of
PorkBelly and Squid
豬五花烏賊清湯
300B

Crispy Pork Belly
with Four Peppers
酥皮豬五花佐四色胡椒
420B

Mangosteen
山竹
390B

Grilled Shrimp and
Smoked Fish Relish
烤蝦&涼拌燻魚
320B

Jasmine Rice
茉莉香米
60B

開在昔日望族宅邸的餐廳，店內陳設著許多昂貴的古董，相當有看頭

BENJARONG

主廚Sukanya

重現貴族喜愛的好味道

以前泰國只有貴族才吃得到用馬來西亞與印度香料製作的傳統料理，如今這間餐廳將這些料理改編成現代風格提供給大眾。使用的器皿與餐點擺盤都很優美，可以體驗貴族用餐的感覺。

席隆站周邊 [MAP] P.166 D-2 ☎02-200-9009 🏠116 Saladaeng Rd. ◯11:00～14:30、17:30～22:00 🔒無休 🚇自MRT席隆站步行5分鐘 [CARD] [英語]

說到最受歡迎的兩大泰式料理，當然是炒河粉和泰式海南雞飯！
以下就介紹推薦的午餐店家好去處。

SOUP

清爽的
雞高湯

SAUCE

醬油×辣椒

甜辣醬

冬瓜湯

蔥×薑

Hoong

宛如咖啡廳的時髦專賣店
這間店最大的特色，是海南雞飯上桌前還會淋上濃稠的雞湯，而且還可以隨意選擇不同部位的雞肉與米飯（白米、糙米、印度香米）。
席隆站周邊 **MAP** P.167 C-3
☎065-590-4162 🏠Soi Sathon 8 ⏰9：30～20：30 (LO19：30) 🚪無休 🚇自BTS鐘那席隆站步行5分鐘 英語

低溫調理的雞肉多汁到
令人驚豔！加荷包蛋一
顆 15B

新浪潮

可以自由客製化的
新型態海南雞飯

AROUND **MID-DAY** (11：00-14：00)

Chicken Rice
雞肉飯
159B

KHAO MAN GAI
泰式海南雞飯
用雞高湯炊煮米飯，再放上雞肉做成的雞肉飯料理。每間店都有自己的獨家醬料。

燉了整整2小時的雞肉相當多汁，也可以單點

簡單才是王道

經典海南雞飯

SIDE DISH

口感軟嫩到不行的
香料燉豬肉 70B

經典

看到粉紅色制服
就走對地方了♪

Go-Ang Kaomunkai Pratunam

大排長龍的人氣餐廳
俗稱「粉紅海南雞飯」的海南雞飯專賣店。附餐也有一些湯品和豬肉料理。

暹羅站周邊 **MAP** P.164 D-1 ☎02-252-6325 🏠960 962 Phetchaburi Rd. ⏰6：00～14：00、15：00～21：30 🚪無休
🚇自 BTS 奇隆站步行 10 分鐘 英語

Hainanese Chicken Rice
海南雞飯
50B

SAUCE

加了豆醬的醬汁

★★★ Go-Ang Kaomunkai Pratunam 隔壁也是一家人氣餐廳 Kuang Heng Pratunam Chicken Rice (P.58)。

CONDIMENT

辣椒粉　花生

魚露　砂糖

DEST TIME
11:00

到底要選哪邊？熱門的經典泰式料理餐廳！
炒河粉vs泰式海南雞飯！

使用高級藍花蟹，可以自行添加4種調味料。

Padthai Poo
螃蟹炒河粉
320B

DESSERT

BAAN PHADTHAI

古董風情的可愛小店

這間炒河粉店曾登上必比登推介名單。其美味的祕密，在於精心調配10種香料的炒醬。

昭披耶河周邊 (MAP) P.170 F-4
☎063-370-0220 🏠21-23 Soi Charoen Krung 44 ⊙11：00～22：00 🔒無休
🚇BTS沙潘塔克辛站步行5分鐘
(CARD) (英語)

甜點是用慈姑和椰子汁製作的義式冰沙160B

米其林

濃郁醬汁造就好風味

必比登推介名店

SIDE DISH

前菜是用羽衣甘藍葉包裹雞肉、豬肉的手捲 250B

PAD THAI
炒河粉

可以想成泰式炒麵，只是麵條換成以米穀粉製作、模樣扁平的河粉。醬料則是用羅望子醬、魚露、砂糖等材料調製，味道酸甜。

炒河粉通常會配豆芽菜和韭菜吃，也可以依個人喜好擠一點萊姆汁

廚師手藝盡現

特色蛋包炒河粉

DRINK

一定要配這個！

每日柳橙汁
（時價）

蛋包麵

Since 1939

Superb Padthai
極致炒河粉
150B

Thipsamai

1939年創業的炒河粉老店

這間店是用蝦醬炒河粉，滋味底蘊深厚，原味一份90B，另有許多使用高級食材的豐富口味，其中最知名的莫過於蛋包炒河粉。

大皇宮周邊 (MAP) P.163 C-2 ☎02-226-6666 🏠313-315 Mahachai Rd. ⊙9：00～凌晨0：30 🔒週二 🚇自MRT三峰站步行10分鐘 (英語)

用料特別，包含蝦子、螃蟹的什錦炒河粉 500B

該店的特色菜。以薄薄的蛋皮包住炒河粉，旁邊還放了飽滿的蝦子

ANOTHER CHOICE

C Khao-phat Goong
蝦仁炒飯 800B

A Tom-yum Goong
冬蔭功 600B

B Raad-nar Talay
海鮮寬粉 600B

別忘了點份
煎蛋☆

D Khai-chiao Poo
蟹肉蛋 1400B

BEST TIME
11:00
在地餐館竟然這麼豪華!?
米其林星級街頭美食

少說要等6小時!?
潛入時下最夯的小餐館

Jay Fai是一間在地小餐館，
卻獲頒了米其林一星肯定，也
吸引了全球饕客的注意。儘管
餐點價格比一般小餐館貴上10
倍，不輸高檔餐廳，但排隊的
人潮依舊絲毫不減。其人氣祕
密在於老闆「痣姐」親自烹調
的蟹肉蛋。她總是戴著護目鏡
站在店裡，一天下來不停翻
動巨大的鍋子。現煎的蟹肉蛋
包著滿滿的鮮美蟹肉！不僅如
此，其他餐點也毫不吝嗇用上
大草蝦等豪華食材，奢侈至
極。但要注意的是，號碼牌可
能在開店前1小時發完，屆時
只能排到候補名單。從上門到
坐下來吃到東西，可能得耗上
大半天。這間店就是這麼非比
尋常，所以對遊客來說，挑戰
門檻非常高，但去碰個運氣，
或許也能增加一個與親朋好友
分享的話題。

攻略MEMO

- ☑ 一大早就先上門留下名字！
- ☑ 不時繞回去偷瞄一下排隊進度以免過號
- ☑ 耐心等待
- ☑ 餐點分量大，建議 3 人以上同行

3 接下來就是等待了……

2 在候位表上填好姓名與人數

1 才剛開門就排成這樣！

4 終於入座！

已經等了超過6小時

右頁餐點的照片 **A** 放了滿滿大蝦子的冬蔭功 **B** 有海鮮、蔬菜的勾芡炒麵 **C** 蝦仁炒飯 **D** 塞了滿滿蟹肉的煎蛋，幾乎所有人上門都會點這道招牌菜。這裡幾乎每道餐點都很大份，大概要 3～4 個人分食才吃得完。冬蔭功、炒飯、麵食都可以自行挑選海鮮用料，不同的蝦、魚，價格也不同。白飯 1 人 30B

分量實在太滿足！

5 點餐＆飲料。分量多，務必留意

6 老闆賣力掌廚在酷暑下揮灑熱情

7 終於等到蟹肉蛋上桌。我要開動了！

Jay Fai

外國名人也會光顧

以單純的方式調理新鮮海產的餐館。因獲頒米其林一星，還有接受 Netflix 節目《世界小吃》採訪而打響了名號。不開放訂位。

🏠大皇宮周邊 MAP P.163 C-2 ☎02-223-9384 🏠327 Mahachai Rd. ⏰9：00 ～ 20：00 🔒週一～三 🚇自MRT三峰站步行10分鐘 英語

還有這些必比登推介在地小餐館！

王子戲院豬肉粥

Joke Prince　　　　　　P▶023

經營超過 70 年的稀飯老店。米粒煮到幾乎化開，口感濃稠，可作為一頓輕盈的午餐。

陳億粿條

Nai Ek Roll Noodles　　P▶147

唐人街耀華力路上的人氣餐館。粿汁（粿條湯）配脆皮燒豬簡直完美。

百年老宅翻新而成的餐廳。一樓的裝潢概念取自清邁每年舉辦的天燈節

chef!!

預約 建議預約／可上官方網站預約
預算（1人） 午餐 700B、
晚餐 2888B（8 道料理）

North

使用自製麵的人氣招牌咖哩麵

這間餐廳正如店名所示，提供泰國北部的鄉土料理。來自南奔的老闆，用現代風格演繹鄉土料理。中午亦供應單點菜品，晚餐僅供應套餐。

素坤蔚路周邊 [MAP] P.169 C-2

☎061-426-2642 🏠8 Sukhumvit 33 Rd.
⏰11:30～14:30、18:00～23:00 🔒無休
🚶自BTS澎蓬站步行5分鐘 [CARD] [英語]

❶使用餐廳特製麵條，將經典清邁料理「咖哩麵」做成義大利麵風格。Dry Khao Soi with Giant River Prawn 588B **❷**以泰北常用香料「小豆蔻」調味的炸雞，Chiang Rai Tulip Chicken 148B **❸**（上）用泰北產哈密瓜製作的 Traditional Musk Melon Dessert with Coconut Milk Custard 128B（下）微鹹的梅子甜點 Chiang Mai Chinese Plum Sorbet 108B

◆ ◆ ◆ North 的晚餐時段有服儀限制，可以休閒一點但不能隨便，好比說不能穿海灘拖鞋上門！

曼谷可以吃到泰國各地的美食，光是思考要吃什麼都令人傷透腦筋。除了不能錯過的經典名菜，有時候我也想嘗嘗鄉土特色菜，同時還想了解一下時下流行的口味……能夠同時滿足我這些願望的地方，就只有提供鄉土料理的無國界料理提供鄉土料理的餐廳了。泰北料理餐廳 North 的清邁名菜咖哩麵堪稱極品，使用自家特製寬麵條做成義大利麵風格，是我從未在其他地方吃過的味道。Burapa 則帶我認識了小眾的東部料理滋味。這間餐廳使用的食材也相當多元，其中也包含了泰國產的和牛。在曼谷也能享受到地方小旅行的感覺，吃遍想吃的美食，一舉兩得，真是太棒了♡

建議預約／致電或電子郵件
預算（1人）1000B

Burapa Eastern Thai Cuisine & Bar

大膽重組泰國東部鄉土菜

主廚來自泰國東部的達叻，希望透過這間餐廳推廣家鄉菜。店內裝潢成時髦的列車車廂風格，希望帶給客人一趟「美食之旅」般的體驗。

暹羅站周邊 MAP P.162 E-2
☎ 02-012-1423 🏠 26 Sukhumvit 11
🕐 12：00～15：00 17：00～24：00
週一 自 BTS 那那站步行 10 分鐘
CARD 英語

1（上）同時使用紅、綠辣椒製作的泰國東部傳統咖哩·拉旺咖哩（Rawang curry）250B（下）口感溫潤的椰湯麵料理·椰湯蟹肉米線 480B **2** 泰國和牛也是店裡的招牌菜。（上）烤泰國和牛＆牛油炒飯 450B（下）烤泰國和牛牛舌 350B **3** 南瓜製作的蒸糕。泰式南瓜卡士達 280B **4** 店主兼主廚 Ack

BEST TIME
12:00

廣闊的空間宛如一座大型迷宮

購物中心
完整攻略！

■ 充滿特色的未來感設計 ② 設施緊鄰昭披耶河 ③ 擁有豐富服飾的 The Selecte ④ 可以俯瞰昭披耶河風景的星巴克臻選昭披耶河店

GINGER FARM KITO

STEP3
4.5樓
到ICONCRAFT
找尋可愛的泰國手工藝品

櫃位跨足兩層樓，售有大量泰國傳統工藝結合現代設計的家居用品、餐具、雜貨。

適合分送的伴手禮

糖果也不錯

將泰國傳統織品做成提把的布包，一件 2850B

傳統工藝五彩瓷

STEP2
G樓
彷彿來到水上市場
到SOOKSIAM探險♪

集結泰國各地鄉土料理的美食街。樓層設計成水上市場的模樣，宛如一座小城市！

還有泰式甜點♡

人氣餐廳「薩拉米蚵仔煎」（สมัครสัมพันธ์ทอยกะทะ）的泰式蚵仔煎 120B

STEP1
2樓
到The Selected
挑選泰國藝術家作品。

這家店經銷許多泰國年輕設計師品牌服飾和雜貨，代理品牌數超過 100 種，絕大多數都是泰國在地的牌子！

3種不同的設計圖案

以傳統市場米袋為概念設計的托特包，一件 200B。這是泰國生活品牌「COCO SUI」的人氣商品

◆◆◆ 河邊的「River Park」每天 18：30 和 20：00 有水舞秀可以欣賞。

最夯的購物中心

STEP1 5樓 坐在**河景美食街**吃午餐

頂樓的美食街可以俯瞰整條昭披耶河，而且價位和阿索克店一樣實惠！

炙汁麵30B、點心15B～

STEP2 3樓 G樓 處處都是**拍照神點** 每張照片都能拍得超吸睛！

館內有超過1000處值得拍照留念的角落，連廁所區的獨特設計也值得一看！

巨大拉麵!?

STEP3 3樓

一次看完 **熱門泰國品牌**

1樓有不少泰國品牌專櫃，包含衣褲、鞋履、珠寶，款式令人目不暇給。

TERMINAL21 RAMA3

宛如大人的主題樂園！

這間分店於2022年開幕。設計主題是火車站（阿索克店則是機場），每個樓層都有不同國家的風格，也有好多適合拍照的陳設。

曼谷 南部 (MAP)P.162 D-3 ☎02-483-3555 ♠356 RamaIII Rd. ◎10:00～22:00 ⊕無休 ♠自BTS蘇叻沙克站搭車10分鐘

1「OWNORY」的迷人手鐲

2「GLAM EDITION」有很多繽紛可愛的天然石飾品

曼谷「潮流」薈萃之地 **探索精彩的複合式空間！**

位於昭披耶河邊的「暹羅天地」是一座占地75萬㎡的綜合商業園區，內有購物中心與主題設施。主要的購物中心樓共有11層樓，G樓至8樓大約集結了700間商家和餐廳，舉凡熱門服飾、工藝品店，還有泰國最大的星巴克，以及泰國首間蘋果商店，讓你逛過一輪就能了解曼谷時下潮流也不為過。園區占地廣闊，商家眾多，很難一次全部逛完，因此特別推薦依照以下4種主題規劃路線遊覽，各位不妨作為旅行時的參考。

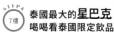

STEP4 7樓 泰國最大的**星巴克** 喝喝看泰國限定飲品

這間星巴克有2層樓，座位數超過400，可以一覽昭披耶河風光。來這裡就是要嘗試限定品項、購買限定商品（P.95）。

星巴克臻選系列分店的設計都很別緻。這間店也有提供酒精飲品

荔枝×伯爵茶

暹羅天地
ICONSIAM

一樓遊客大廳可以免費領取「Tourist Card」，至所有加盟店消費最高可享30%折扣（此服務可能中止，請查詢最新資訊）。

昭披耶河周邊 (MAP)P.170 E-4 ☎02-495-7000 ♠299 Charoen Nakhon Soi 5 ◎10:00～22:00 ⊕無休 ♠自BTS沙叻丁空站步行1分鐘／中央碼頭((MAP)P.170 F-4)搭乘接駁船

Crispy Fried Oysters
酥脆泰式蚵仔煎

約650B

脆脆的口感令人上癮♡

放了滿滿蚵仔的薄煎蛋

先於入口附近的櫃台換購廣場內消費用的預付卡

Rice + Stir Fried Basil with Pork
打拋豬肉飯

曼谷最經濟實惠的地方!?
Pier 21

便宜、好吃，環境又乾淨
位於跟阿索克站出口連通的「Terminal 21」購物中心6樓。交通便利、價格也便宜得驚人，還可以嘗到多種熱門泰式料理和甜點。

素坤蔚路周邊 MAP P.169 B-1
88 Sukhumvit Soi 19 ⏰10:00～22:00 無休 BTS阿索克站出口直達 英語

預付卡GET!

推薦給八角愛好者的軟爛燉豬肉

47B
(約42元)　打拋豬肉加荷包蛋才這個價格！

約4237B

AROUND **MID-DAY** (11:00-14:00)

Thai Corn Salad with Salted Egg
泰式玉米鹹蛋沙拉

35B
(約30元)

各25B
(約22元)

Watermelon Ice Blended
西瓜冰沙

Passion Fruit Ice Blended
百香果冰沙

Rice with Stewed Pork Leg + Egg
滷豬腳飯加蛋

附水煮蛋、酸菜。找那間大鍋子裡滾滾滷著豬肉和蛋的店家就對了！

新鮮水果打成冰沙，價格還比外面攤販便宜!?

於入口附近一家木瓜沙拉店購買

★★★ 包含EMPORIUM在內，現在有愈來愈多商場都可以使用BTS的兔子卡消費了！

想要吃頓美食 就到美食街!

近年來,曼谷的路邊攤數量銳減。我到處尋找能夠聚集品嘗美味美點的小吃店,最後找到了美食街。曼谷的購物中心都設置著漂亮的美食街,如雨後春筍般冒出,每間購物中心都設置著漂亮的美食街,一字排開、各式各樣的店家令人感到雀躍不已。美食街不但適合獨自前來輕鬆用餐,也可以一群人分享不同的料理。如果你無論如何都想吃街頭小吃,我推薦到俗稱「OL市場」的攤販街!這裡從白天就非常熱鬧。由於這群小吃攤位分布於商業區,附近上班族經常光顧,所以才有了這樣的外號。倉庫般的空間裡有上百個小吃攤,這種在繁雜的氛圍中享用街頭小吃美食的感覺,正是東南亞地區特有的魅力!這裡將會介紹3間位於素坤蔚路周邊,交通方便的美食街與攤販街。

Khaosoi Chicken 咖哩雞麵 109B

咖哩麵專賣店「Ong Tong」的總店位於阿黎區,總店總是大排長龍

附醬料與湯

Hainanes Chicken Rice 海南雞飯 80B

俗稱「粉紅海南雞飯」的「紅大哥水門雞飯」出品

Noodles with Yenta Sauce 釀豆腐麵 100B

名店「Nai Ouan」的釀豆腐。推薦搭配粗麵

料超多好開心

必比登推介餐廳吃不完

GOURMET EATS

一次嘗遍名店滋味

位於購物中心 EMPORIUM 的4樓,許多商家都是必比登推介的常勝軍。而且這裡的都是分店,不像總店一樣需要排隊,隨到隨嘗正宗美食。
素坤蔚路周邊 (MAP)P.169 C-2
🏠622 Sukhumvit Rd. ⏰10:00 ～ 22:00 🚫無休🚉BTS澎蓬站出口直達 英語

不愧是高級百貨,美食街也很時髦

衣服也好便宜!

在地感十足的氣氛與口味

Talad Ruamsub

素坤蔚路周邊最大的攤販街

附近上班族經常光顧的「OL市場」。鑽過入口的狹窄通道,就會抵達一座巨大的餐廳區。市場內也有許多服飾店,用餐、購物一站滿足。
素坤蔚路周邊 (MAP) P.162 F-2
🏠Asok Montri Rd. ⏰7：00 ～ 19：00
♿週六、日🚶自 BTS 阿索克站步行 7 分鐘
英語

多種小菜任君挑選♪

飯+3樣小菜 65B
共有 30 種小菜可以挑選,用手指告訴老闆你要點什麼

大排長龍的新鮮酪梨冰沙站!

Avocado Milk 酪梨牛奶 45B

DEST TIME 13:00

買份旅遊紀念品給自己

到亞洲最大**珠寶市場**尋寶!

不用花大錢也能買到高品質珠寶!?

位於曼谷的 Jewelry Trade Center，自古就作為珠寶的集散地而聞名，形成了貿易據點，這裡有來自世界各地的寶石批發商，能用划算的價格買到各種珠寶。想為了本次的旅行買點特別的紀念品，或是奢侈一下買些美麗珠寶的朋友，務必來這裡看看！這棟大廈裡的最大看點位於地下1樓，占滿整個樓層的展示櫃裡，擺著來自全球的閃耀寶石，光是為了這幅景象也值得一逛。這裡的商家和路邊攤一樣，商品不會標價，都是老闆自行報價。假如對議價沒什麼自信，建議事先上網或透過其他方式查詢行情，購買時也比較安心。

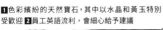

2天完成！訂製戒指體驗

最推薦這家店！

Zenehha Gems

簡樸款式深得人心

這裡的戒指大多以符合日本人喜好的簡樸設計，訂製一枚戒指最快2天就能完成，還可以請店家協助寄回國（國際運費自付）。

●攤位號碼 JB504
☎090-624-9154 CARD 英語

1 色彩繽紛的天然寶石，其中以水晶和黃玉特別受歡迎 2 員工英語流利，會細心給予建議

令人陷入選擇障礙！

聚集全球的珠寶♡

Jewelry Trade Center

亞洲最大規模的珠寶市場

眾多珠寶批發商齊聚一堂的超大型珠寶購物中心，高品質珠寶的價位比日本便宜。

昭披耶河周邊 MAP P.170 E-3
☎02-630-1000
🏠919/1 Silom Rd.
🕐10:00～19:00
🔒週日
🚉自BTS蘇叻沙站步行10分鐘

STEP **1** 選擇寶石

告訴櫃員自己想訂做戒指，接著櫃員會詢問你喜歡的顏色、珠寶類型和預算，為你挑選推薦的寶石。

◆◆◆ JTC 裡面的店家大多可以刷卡結帳，有些店家可能會另外收取手續費。

其他推薦商家看這邊！

來這裡尋找
可以戴一輩子的高級珠寶

亮晶晶的
大顆寶石☆

Cometrue Jewelry

與眾不同的設計

這家店的飾品特色是珠寶特別大顆，款式也非常華麗。每件飾品都是店家細心製作，調整尺寸需時 1 天，訂製飾品則需要 1 週左右的時間。

●攤位號碼 JB149
☎087-682-6327 CARD 英語

■串起大顆黃寶石、珍珠、玫瑰晶的手鍊 5 萬 B ■很多亮眼款式都能提升穿搭吸睛度 ■尋找玻璃窗圍住的店鋪 ■設計師 Apple 小姐和工作人員 Nin 小姐

天然珠寶×銀
戒指500B起！

Cartoon Collection

喜愛小巧設計的人來這邊

櫥櫃裡擺著許多用小巧寶石設計的精緻飾品，價格約新台幣 400 ～ 500 元，非常適合買來送人或自己留念。

●攤位號碼 JB1805
☎098-101-0656 CARD 英語

■·■天然石 ×925 純銀戒指一只最低 500B。這個價格實在很難得！■·■串起多種珠寶的手鍊，價格也是 800B。順帶一提，無論是戒指還是手鍊，金色、玫瑰金都是鍍鈦材質

STEP 2　選擇戒指本體

挑好寶石後，再選擇戒指本體的顏色。這間店有銀色、金色、玫瑰金可選。

3 種顏色
自由選擇

■將寶石放在戒指上，模擬成品模樣 ■戒指主體均為鈦金屬搭配電鍍加工，戒圍亦可調整 ■可以試戴看看，仔細考慮

STEP 3　前來取貨

回店裡領取成品。務必要在現場試戴一下，確認尺寸正不正確、是否有刮傷等瑕疵。

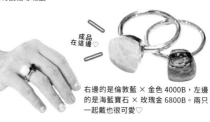

成品
在這邊♡

右邊的是倫敦藍 × 金色 4000B，左邊的是海藍寶石 × 玫瑰金 6800B。兩只一起戴也很可愛♡

也有很多現成品

還有豐富的現成品可以選擇，看到喜歡的款式也可以直接購買。耳環價格 2000B 起，戒指價格 1800B 起

BEST TIME 14:00

（可愛）Naarak♡單品挑不完。

穿戴泰國品牌，提升時髦感與旅遊感！

近年，曼谷開了愈來愈多時尚的服飾店。
以下幾間店可以買到許多在曼谷和在日本都大受歡迎的推薦單品♡

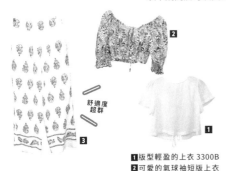

舒適度超群

1 版型輕盈的上衣 3300B
2 可愛的氣球袖短版上衣 3300B
3 配色清新的褲子 4300B

RICOCHET Boutique Terminal21

100%亞麻材質的服飾

設計理念為奢華渡假風服裝，使用日本製高級亞麻布料，所有的品項都是手工製作。

素坤蔚路周邊 MAP P.169 B-1
☎02-051-6267 🏠88 Soi Sukhumvit 19 Terminal21 3F ⏰8:00～17:00
🔒無休 🚇BTS阿索克站出口直達 CARD 英語

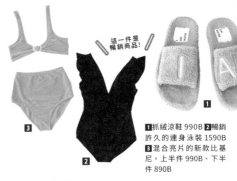

這一件是暢銷商品！

1 抓絨涼鞋 990B **2** 暢銷許久的連身泳裝 1590B
3 混合亮片的新款比基尼，上半件 990B、下半件 890B

waterandothers

想買漂亮泳裝來這邊

由3位好友共同創立的泳裝品牌，設計可愛但不過分甜美，曾登上時尚雜誌而聲名大噪。

阿黎周邊 MAP P.162 F-1
☎02-102-6698 🏠65/14 Soi Vibhavadi Rangsit 16 ⏰11:00～19:00 🔒無休 🚇自MRT拉差當碧沙站搭車5分鐘 英語

穿搭上的吸睛配件

1 亮面布料結合細膩刺繡的褲子 5000B **2** 亞麻一字領上衣 1000B **3** 鮮豔的刺繡手拿包一件 650B

MOMO TALAT NOI

滿滿的異國圖案單品

店內許多服飾皆採用泰國風格刺繡和充滿異國情調的印花布料，件件都是店內工作室手工製作。

昭披耶河周邊 MAP P.170 D-4
☎083-530-1220 🏠928 Soi Wanit 2 ⏰10:00～21:00 🔒週一
🚇自MRT華藍蓬站步行10分鐘 CARD 英語

設計師推薦款

1 印著怪物圖案的上衣 8500B
2 這雙運動鞋的設計靈感，來自泰國人雨天用塑膠袋包住鞋子的文化 6900B **3** 皮包 8500B

GREYHOUND ORIGINAL SIAM PARAGON

引領泰國時尚流行的品牌

1980年創立的休閒服飾品牌。主打結合泰國獨特文化的創意設計服飾。

暹羅站周邊 MAP P.165 B-2
☎063-215-6133 🏠991/1 Rama I Rd. 暹羅百貨公司1F ⏰10:00～21:00
🔒無休 🚇BTS暹羅站出口直達 CARD 英語

GREYHOUND ORIGINAL

WATERANDOTHERS

RICOCHET BOUTIQUE

MOMO TALAT NOI

1假人模特兒身上的上衣 4500B。右邊衣架上掛的則是永續系列服飾 **2**粉紅色褲子 4300B，橘色褲子 4000B。均有 S ～ L 3 種尺寸 **3**新款格紋系列連身泳裝 1890B、比基尼上半件 890B、下半件 890B。Siam Center 也有無限期的快閃店 **4** 設計師納恰是在從事裁縫工作的同時自學設計。身為 LGBTQ 的一員，也從中獲得許多愛和藝術的啟發

BEST TIME
14:00

可愛到不行的中華風設計

文化底蘊十足的**唐人街**

1 八號甜蜜店內的可愛插畫 **2** 耀華力路上一整排的金行 **3** 也有中式點心鋪 **4** 被植物包圍的Wallflowers Cafe **5** 龍蓮寺 **6** 中午到牛面王用餐

AROUND **MID-DAY** (11:00-14:00)

✦ ✦ ✦ Wallflowers Cafe 斜對面的 Ba Hao Residence (P.156) 是一間酒吧，也是一間民宿。

052

漫步泰國唐人街
感受往日情懷

MRT龍蓮寺站出來後，便來到氣氛古樸的唐人街。這條唐人街的象徵，就是權華力路上那多達130間的「金行」。因為華人習慣將財產換成黃金保存，所以至今仍然可見櫛比鱗次的金行。整條路上都是大紅大金的亮麗招牌，人群與汽機車熙來攘往，活力十足。附近還有物美價廉的中餐廳、攤位、批發市場，一天到晚都熱鬧無比。

在商店眾多的唐人街，你可以懷著尋寶的心情，到咖啡廳品嚐美味的中式點心，或到巷子底的小餐館。走走逛逛，來場探險，尋找自己心儀的商家與景點。

B 龍蓮寺
Wat Mangkon Kamalawat

〔泰國風裝飾好漂亮！〕

保佑消災解厄！
據說是曼谷最古老的中國佛寺。裡頭供奉了3尊釋迦牟尼佛像和58尊神像。
唐人街 (MAP) P.170 D-1
🏠432 Charoenkrung Rd.
🕐8：00～16：00(週六、日～17：00)
🈵無休 🅟自由參觀
🚇自MRT龍蓮寺站步行3分鐘

D 牛面王
Rongklannuea

極品牛肉麵
開在百年建築裡的燉牛肉專賣店。推薦餐點為皇帝紅燒牛肉湯（綜合牛肉麵）＋油條 270B。
唐人街 (MAP) P.170 D-2
☎063-830-6335
🏠937/939 Song Wat Rd.
🕐10：00～20：00 🈵無休
🚇自MRT龍蓮寺站步行10分鐘
(英語)

1紅燒牛肉米粉＋油條 170B 2龍眼汁 45B

A 八號甜蜜
Ba Hao Tian Mi

〔清爽不死甜享受無負擔〕

中式布丁大比拼♡
店面裝潢復古繽紛，餐點包含9種布丁和港式奶茶 88B。東羅店還有提供午餐。
唐人街 (MAP) P.170 E-1
☎097-995-4543
🏠8 soi Phadung Dao Yaowarat Rd.
🕐10：00～22：00 🈵無休
🚇自MRT龍蓮寺站步行3分鐘

1芒果布丁 128B 2也推薦吃吃看宇治抹茶紅豆布丁 148B、珍珠奶茶布丁 118B

1 1樓咖啡廳 2水果塔 200B，柳橙基底的無酒精雞尾酒 Eden Summer 250B

C Wallflowers Cafe

花卉主題咖啡廳
店內裝飾著乾燥花，整體古色古香，還可以品嘗到運用食用花製作的甜點。晚上則會化身為一間酒吧！
唐人街 (MAP) P.170 F-1
☎094-671-4433 🏠31-33 Soi Nana Khwaeng Pom Prap 🕐11：00～18：00(酒吧17：30～24：00) 🈵無休 🚇自MRT龍蓮寺站／華藍蓬站步行8分鐘
(CARD) (英語)

唐人街 MAP

B Wat Mangkon Kamalawat
Wat Mangkon St.
Mangkon Rd.
Yaowarat Rd.
A Ba Hao Tian Mi
Song Wat Rd.
Rama IV Rd.
C Wallflowers Cafe
D Rongklannuea

〔口感滑順的美味細麵〕

6
7
8
9
10
11
12
13
14
15
16
17
18
19
20
21
22
23
0

053

Buddha & Pals

風格復古的咖啡廳

白天是咖啡館，晚上是酒吧，推薦
大家嘗嘗看這裡的咖啡調飲，每一
杯都像雞尾酒一樣漂亮。週末還有
現場爵士表演。

CAFE

大皇宮周邊 **MAP** P.162 E-2
☎ 061-585-9283
🏠 716 Krungkasem Rd.
🕐 咖啡廳 10：00～18：00，
爵士酒吧 18：00～24：00
🚇 週一 🚊 MRT 三峰站搭車
5分鐘 英語

店裡也有一些輕食，如開放式三明治
（炒蛋和煙燻鮭魚）340B

★ ★ ★ 店裡頗具人氣的飲品是 The Breakfast in Sicily（柳橙咖啡）140B。

在曼谷交錯的新舊時光

被昭披耶河圍住北、西、南3個方向的曼谷舊城區，據說是隨著1782年節基王朝（泰國現今王朝）建立而發展起來的城鎮。穿梭於小巷，可以窺見在地人現代生活的痕跡。不過這一帶近年也開了一些時尚的咖啡館。推薦各位來這裡走一走，感受一下新舊曼谷的魅力。

舊城區 MAP

Buddha & Pals

Ratchadamnoen Nok Rd.

Nakhon Sawan Rd.

Nang Roeng Market

Nakhon Sawan Road

Damrong Rak Rd.

Sutathip

Wat Saket

1 豬肉海南麵 70B **2** 牛肉海南乾麵 70B

Sutathip

極品海南料理餐館

從中國移居的初代店主開設的老店，擁有百年歷史。可品嚐海南風炒冬粉等海南料理。

大皇宮周邊 **MAP** P.162 E-2
☎ 02-282-4313
🏠 338-342 Damrongrak Rd. (Soi Damrongrak Naris Damrat Bridge) ⏰ 8：00～15：00 🔒 週一、二 🚃 自 MRT 三峰站搭車 5 分鐘

LUNCH

STREET

那空沙旺路
Nakhon Sawan Road

粉紅色的建築林立

那空沙旺路兩旁可見滿滿歲月痕跡的粉紅色街屋（Shophouse），非常值得拍照留念。小巷裡還有百年歷史的南龍市場。
大皇宮周邊 **MAP** P.162 E-2

發現可愛的供品！

南龍市場有許多歷史老店，午餐時段特別熱鬧

VIEW SPOT

金山寺
Wat Saket

坐擁美景的山丘寺院

這座寺院的歷史，可以追溯到14～18 世紀的阿瑜陀耶王朝。山丘上的佛塔據說是後人建立的，爬到塔頂上可以 360 度俯瞰整個曼谷市景。

大皇宮周邊 **MAP** P.162 D-2 🏠 344 Thanon Chakkraphatdi Phong ⏰ 7：00～19：00 🔒 無休 💰 100B 🚃 自 MRT 三峰站步行15分鐘

至塔頂需爬 344 級階梯

同類商品自然而然集中在同一區，圖為籃子鋪　　戶外也有許多攤販

市場內有無數窄小通道

BEST TIME

14:00

規模太大，小心迷路!?

恰圖恰週末限定市集樂趣無窮!

逛市場的重點

☑ 到櫃台領取樓層地圖
☑ 市集內沒有冷氣，記得多喝水
☑ 小心扒手，行李不離身！

先一次買齊
泰國伴手禮！

織品、器皿、磁鐵很適合買來當作分送用的伴手禮。一次多買一點，搞不好店家還會算你便宜一些♪

泰國料理微縮模型

3 榴槤磁鐵（中）65B
4 泰式甜點「芒果糯米飯」的微縮模型（小）55B（⑬區）

經典織品

時尚單品

1 泰北孟族製作的化妝包 300B **2** 同樣是孟族製作的化妝包 250B。很多商品僅此一件，看到喜歡的東西千萬別錯過！（⑳區）

可愛的刺繡鞋和涼鞋，價位約 270B（㉑〜㉔區）

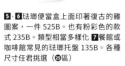

5·**6** 琺瑯便當盒上面印著復古的雞圖案，一件 525B。也有粉彩色的款式 235B。類型相當多樣化 **7** 餐館或咖啡館常見的琺瑯托盤 135B。各種尺寸任君挑選（⑭區）

琺瑯餐具

五彩瓷

也可以買到泰國傳統陶瓷器，價位約 390〜490B（⑬區）

◆◆◆ **5**〜**6**區有許多古著和丹寧布商品，**7**區則可以找到各種藝術品和畫作。

056

五彩瓷專賣店。顏色繽紛，圖案多元

發現時尚的食品土產店！

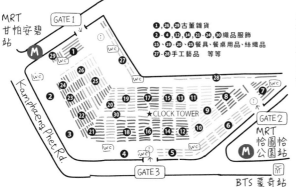

MRT 甘帕安碧站

GATE 1

❶、28、29古董雜貨
❷～❹、12、14、23、24、39織品服飾
15、19～25傢具、餐桌用品、絲織品
27、28手工藝品 等等

Kamphaeng Phet Rd.

★CLOCK TOWER

GATE 2
MRT 恰圖恰公園站

GATE 3

BTS 蒙奇站

泰國伴手禮採買聖地
沒有東西買不到！

規模龐大的恰圖恰週末市集，可以買到常見的招牌伴手禮、家居飾品、服飾，甚至是寵物（!?）。市場內部以區【Section）和巷（Soi）劃分市。推薦大家來市場晃一晃，尋找有趣的寶物。

攤位並編號，彷彿一座小型城市。

泰國菜調味包

也可以解決午餐、到咖啡廳稍事休息

市場內有許多攤販與餐館，逛累了可以休息一下，休息完再繼續逛。

大量採購食品與禮品

買點香料和香草，回家後也能享受泰式料理。

咖哩和冬蔭功等泰式料理的調味包 80B，其他還有很受歡迎的乾燥聖羅勒 110B（⓫區）

午餐吃泰式料理

市場內有許多泰式料理，如綠咖哩 80B（❷區）

時尚單品

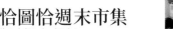

恰圖恰週末市集
Chatuchak Weekend Market

恰圖恰周邊 MAP P.162 E-1
☎視店鋪而異 Kamphaengphet Rd.
🕘9：00 ～ 18：00（視店鋪而異）
🚇週一～五 自MRT甘帕安碧站／恰圖恰公園站／BTS蒙奇站步行5分鐘

到當地年輕人喜歡的區域購買泰國流行服飾

年輕設計師的設計服飾

❷～❹區有許多年輕設計師開設的店鋪在這裡聚集。

飾品

可愛的流蘇大耳環，1 組 280B。款式豐富

魚造型飲鍋子!!

超級美味!

aroi maak!!

吃遍經典泰國料理？
適合午餐吃的在地美食

整隻螃蟹 エ N

醬油蒸海鱸魚
Steamed Seabass with Soy Souce 600B

清爽的醬油基底醬汁，與大量青蔥堪稱絕配

Puu Pad Pong Curry
ปูผัดผงกะหรี่
咖哩炒蟹

Puu 是泰語的螃蟹，Pad 是炒，Pong Curry 則是咖哩粉的意思。咖哩炒蟹會加大量的蛋一起炒，雖然外觀鮮紅，味道卻很溫和，並不會太辣。

螃蟹

超奢侈的一道菜

蛋

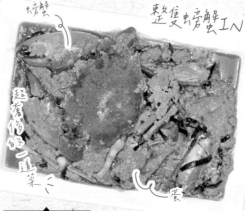

SOMBOON SEAFOOD Surawong

咖哩炒蟹創始店
1969 年創業的老鋪，據說超過9 成的客人上門都會點招牌咖哩炒蟹。其他餐點也是以海鮮料理為主，每一道都相當美味。

席隆站周邊 [MAP] P.167 B-2 ☎02-233-3104 🏠169/7-12 Surawong Rd. ⏰11:00～22:00(LO21:30)
🗓無休 🚇自BTS鐘那席隆站步行5分鐘 [CARD] [英語]

咖哩炒蟹（小）
Fried Curry Crab 550B

使用泰國產螃蟹。也有去殼的版本。

Dim Sum
ติ่มซำ
港式飲茶

上海小籠包
Shanghai Xiao Long Bao 50B

肉汁多到滿出來的招牌菜

Yip 老闆曾任香格里拉飯店內的知名中餐廳「香宮」的主廚。不必花大錢也能品嘗到頂級港點。

熱呼呼

蝦仁燒賣
Steamed Shrimp Dumpling 50B

小心燙口

Tuang Dim Sum

開門不久馬上客滿
昭披耶河周邊
[MAP] P.162 D-3
☎089-603-0908 🏠Soi 89, Charoen Krung Rd. ⏰8:00～15:00 🗓週一 🚇自BTS沙潘塔克辛站搭車5分鐘 [英語]

包著滿滿Q彈蝦仁的燒賣

Khao Man Gai
ข้าวมันไก่
泰式海南雞飯

將水煮雞放在用雞湯炊煮的米飯上的雞肉飯料理，是能推薦給怕辣族群的泰國口味。水煮雞可換成炸雞，也能選擇各半！

海南雞飯（水煮雞&炸雞）
Boiled and Fried Chicken with Rice 50B

雞肉雙拼 ♫
炸雞美味
水煮美味

還附一塊豬血

可以吃到水嫩的水煮雞，也能嘗到酥酥脆脆的炸雞，兩種美味一次滿足。餐點附湯和特製醬料

Kuang Heng Pratunam Chicken Rice

俗稱「綠海南雞飯」！
暹羅站周邊 [MAP] P.164 D-1 ☎02-251-8768 🏠930 Petchburi Rd. ⏰6:00～24:00 🗓無休 🚇自BTS奇隆站步行10分鐘

結合火鍋和烤肉！

多樣海鮮

各式蔬菜

豬肉

泰式火鍋 (海鮮＆豬肉)
Thai Style Pork & Seafood BBQ Medium with Vagetable Set
499B

套餐提供豬肉的各種部位、蔬菜、海鮮、冬粉。生蛋可以打散後倒入鍋中

Mookata

หมูกะทะ

泰式火鍋

結合燒烤與涮涮鍋的形式，吃的時候會用一種專用的鍋子，中央的鐵板用來烤肉，周圍凹槽部分作為涮涮鍋，烤肉的油脂會流入鍋中，形成美味湯底。

Everyday Mookrata Cafe & Bar Riverside

吃飯還能欣賞昭披耶河美景

店內裝潢時尚得像間咖啡廳，而且中午就供應泰式火鍋，深受許多年輕人的歡迎。附餐選擇相當豐富，露台座位視野開闊。

昭披耶河周邊 (MAP) P.170 E-4
☎063-969-3320 🏠23 Charoen Krung Soi 24 曼谷河城古董藝術中心1F ⏰13:30～24:00(咖啡廳10:00～) 🚫無休 🚇自MRT華藍蓬站步行15分鐘 英語

酥炸綜合菇
Fried Enoki Mushroom with Tamarind Sauce
129B

酥酥脆脆

吃的時候可以沾酸酸的羅望子醬

感覺很下酒

就是辣自又清爽的味！

泡麵

海鮮泡麵沙拉
Spicy Seafood Salad with Thai Instant Noodles
179B

將泡麵麵條水煮後搭配海鮮做成沙拉

Pad Kaprao

กะเพรา

打拋飯

Kaprao 是聖羅勒的意思。而打拋飯即是用聖羅勒和魚露拌炒豬絞肉或雞絞肉，再蓋到飯上！

豪邁地放上2顆荷包鴨蛋

上面還放著荷包蛋

Stir Fried Basil (Pork)
+ Extra Egg
129B+20B
打拋豬肉飯＋蛋

還可以自行調整辣度～♪

Phed Mark

5種辣度自由選擇

泰國街頭美食部落客經營的打拋飯專賣店，共有雞肉、豬肉、牛肉等8種口味。由於店面不大，常常客滿，所以要先在店門外候位。

素坤蔚路周邊 (MAP) P.168 E-3
☎083-893-8989 🏠300 Sukhumvit Rd. ⏰10:00～19:00 🚫無休
🚇自BTS伊卡邁站步行3分鐘 英語

Hoi-Tod

หอยทอด

泰式蚵仔煎

鐵板現點現做出好吃

泰國經典街頭小吃。作法是以米粉、麵粉與蛋液調成偏稠的麵糊，和貝類等配料一同用鐵板煎得酥酥脆脆。

滿滿的蚵仔

令人食指大動的酥脆口感

泰式蚵仔煎
Oysters Crispy Fried Pancake
130B

放了大量的小蚵仔，軟嫩口感非常推薦。也有蝦子和魷魚的口味

Hoi-Tod Chaw-Lae ThongLor

專賣蚵仔煎的在地餐館

每一份蚵仔煎都是店面鐵板現煎。這間店還有一道隱藏的人氣餐點，鐵板炒河粉80B起。炒河粉和泰式蚵仔煎一樣會加麵糊煎得酥酥脆脆。

素坤蔚路周邊 (MAP) P.168 E-3
☎085-128-3996 🏠25 Soi Sukhumvit 55 Rd. ⏰8:00～20:00 🚫無休 🚇自BTS東羅站步行2分鐘 英語

曼谷午間的點點滴滴
MID-DAY TIPS

©泰國觀光局

暹羅站前

暹羅百麗宮
Siam Paragon

內有曼谷最大美食街 Paragon Food Hall，地下樓層還有一座室內水族館，逛上一整天也不會無聊。

暹羅站周邊 MAP P.165 B-2

©泰國觀光局

購物中心

ศูนย์การค้า

曼谷多的是購物中心！
以下幾間也推薦逛逛

曼谷大型購物中心多到逛不完！每間購物中心的設施都很齊全，除了當季時裝，還有賣敞的美食街、超市和餐廳樓層。而且每間購物中心都有完善的空調設備，過來逛逛也可以順便休憩納涼。

EmQuartier

澎隆站前

國際精品與本土時尚品牌一應俱全，是一間頗具品味的高級百貨公司。

©泰國觀光局

素坤蔚路周邊
MAP P.169 C-2

中央世界購物中心
Central World

奇隆站前

內有超過 500 間商家的大型購物中心，戶外也經常擺滿了攤位，舉辦各種活動，氣氛相當熱絡。

暹羅站周邊
MAP P.165 C-2

Terminal 21

阿索克站前

裝潢風格模擬機場航廈，每個樓層都以東京、巴黎等世界各大城市為主題。

素坤蔚路周邊
MAP P.169 B-1

泰國電視劇

ละครโทรทัศน์

愈來愈多人迷上泰劇！
泰劇聖地巡禮

泰國電視劇近年來風靡全球，尤其知名的《與愛同居》和《因為我們天生一對》更成為 X（前身為推特）上全球趨勢排行榜的第一名！許多泰劇都是在曼谷取景，也在曼谷留下愈來愈多朝聖景點。

Spot2

馬哈納功天空步道
Mahanakhon Skywalk

站在玻璃步道上低頭一看，就能從高空俯瞰 BL 影集《黑幫少爺愛上我》中分家居住的房子「The House On Sathorn」。

席隆站周邊
MAP P.167 B-3

Spot1

暹羅天地
ICONSIAM

翻拍自《流星花園》的《F4 Thailand：BOYS OVER FLOWERS》中，F4 常來這裡買東西。

P▶044

Spot5 安帕瓦水上市場
Amphawa Floating Market

因為演出 BL 影集《一年生》等作品而爆紅的 Krist，也曾在這裡拍攝過《Love Beyond Frontier》。

P▶092

Spot4

華藍蓬火車站
Hua Lamphong Station

歷史超過百年的車站。BL 影集《愛情理論》的拍攝地。

唐人街 MAP P.170 F-1

Spot3

蘇恒泰宅邸
So Heng Tai

BL 影集《我們的天空》的拍攝場景。其中有一幕是登場人物在宅邸那座極具標誌性的泳池邊喝酒。

P▶067

交通手段

ขนส่งมวลชน

熟悉各種交通工具
高效率穿梭全曼谷!

曼谷的鐵路網非常完善,所以移動時推薦以搭電車為主。至於附近沒有車站的地方,搭乘 Grab 機車比較方便。計程車容易受到交通堵塞影響,計程機車則需要懂得議價,難度較高。

公車的搭法

雖然公車路線比較複雜,但可以用 Google 地圖搜尋。

❶ 到站牌等車

用 Google 地圖查詢上車地點、路線和下車地點,然後到公車站等車。

❷ 上公車

確認公車上標示的路線正確後上車。上車時支付費用,計費方式分成距離制和定額制。

❸ 下公車

確認電子布告欄上的站名,在抵達目的站前,按下車鈴通知司機。

完全無法預估時間(汗)

Grab 的搭法

先下載手機 app,並於抵達當地前綁定信用卡。

❶ 設定目的地

打開 app,選擇「Transport」,確認當前位置後設定目的地。可以輸入名稱搜尋,或在地圖上標記地點。

❷ 叫車等司機抵達

app 會顯示車型、費用和等待時間,選擇最合適自己的選項後按下確定。付款方式可選擇現金或信用卡。

❸ 上車出發

司機抵達後,確認車牌號碼無誤即可上車。若選擇付現,則於抵達目的地後支付。

Grab bike 暢行無阻

電車的搭法

曼谷的電車主要分成 BTS(空鐵)和 MRT(地鐵),請參考 P.161 的路線圖。

❶ 購買車票

於車站內的自動售票機或窗口購買車票。有些售票機可能無法使用紙鈔或信用卡。

❷ 從閘門進站

於閘門刷票卡或代幣進站。

❸ 到月台搭車

確認目的地,前往正確的月台。上車。

❹ 從閘門出站

機器會回收單程車票,出站時將票卡或代幣投入閘門。若使用通票,則可刷票出站。

現金

เงิน

泰國依然以現金交易為大宗,很多地方餐館和小本生意的店家依然只收現金,所以身上務必準備最低限度的現金!

外帶

เอากลับบ้าน

東西吃不完,可以打包外帶

泰國幾乎所有餐廳都可以外帶,把吃不完的東西打包帶走是很稀鬆平常的事情。

水果

ผลไม้

在產地品嘗新鮮南國水果

泰國四季如夏,一年到頭都能嘗到南國水果,上市場和超市也能輕鬆買到。以下是比較具代表性的類型,每個季節都盛產不同的水果。

芒果
(ma mûaŋ)

榴槤
(tʰú riaŋ)

紅毛丹
(ŋɔ́ʔ)

火龍果
(kɛ̂ɛw maŋ kɔɔn)

香蕉
(klûay)

山竹
(maŋ kʰút)

IN THE
Afternoon
15:00 - 17:00

下午是曼谷氣溫最高的時候，不妨到美麗的咖啡廳休息片刻。有些咖啡廳提供豪華的下午茶、有些咖啡廳可以盡情享受南國水果，絕對不用怕沒地方好去。也可以找地方購物吹冷氣，或是到 SPA 放鬆一下。

嘉佩樂酒店（P.82）的下午茶，無論是呈現方式還是空間裝潢都是最頂級的，可以體驗一下當名流的感覺！

實際採購清單

來泰國一定要買充滿當地特色的民族風織品！包含自己用的家居用品、服飾，還有適合送人的小巧包包。

約 2cm 大的刺繡別飾 1 個 55B。別在衣服或包包上超可愛！ B

350B

以孟族手工刺繡布料製作的化妝包，布料與繡線相當繽紛 B

240B

240B

孟族刺繡化妝包。每款設計各有風采 B

89B

使用泰北清邁布料製作的小化妝包，也可以當作零錢包使用

89B

可以方便收納智慧型手機和護照的肩背包 A

1290B

390B

主打大象圖案的設計拖鞋。腳踩的部分材質類似草蓆，穿起來很涼爽♪ A

1290B

材質如毛線般柔軟的可愛口金包 A

適合買來當伴手禮

大象藍染布偶。花紋款式相當豐富 A

290B

服裝包含男裝、女裝和中性服裝 A

B KOON asian ZAKKA

宛如一座藏寶箱！

泰國人和日本人共同經營的雜貨店。店裡有滿滿的織品、原創 T 恤、古董餐具，逛起來好像在尋寶，充滿樂趣。

素坤蔚路周邊 (MAP)P.168 D-2 ☎094-438-3819 🏠2/29 Sukhumvit 41 Rd. ⏰10:00〜18:00 🔒週三 🚇自BTS澎蓬站步行5分鐘 (CARD)(日本語)(英語)

還有這些商品！
- ☑ 宋加洛陶 P▶069
- ☑ 古董雜貨
- ☑ T恤

A Armong Shop

琳瑯滿目的泰北織品

老闆是泰國少數民族孟族的設計師Armon，販售清邁傳統布料和藍染等商品。店裡有時會有日語流利的泰國工作人員為大家服務。

素坤蔚路周邊 (MAP)P.169 C-2 ☎083-777-2357 🏠Sukhumvit 31 Rd. RSU Tower 1F ⏰11:00〜19:00 🔒無休 🚇自BTS澎蓬站步行6分鐘 (CARD)(日本語)(英語)

還有這些商品！
- ☑ 飾品
- ☑ 服裝
- ☑ 家居用品

◆ ◆ ◆ Armong Shop 也有在恰圖恰週末市集(P.56、65) 開設分店。

15:00

可以大量掃貨的好逛商家

我們的**泰國織品**

330B

用泰語印著「冬蔭功」等泰國菜名稱的托特包 **C**

330B

圓鼓鼓的可愛造型

裹著泰北少數民族布料的針插。當擺飾也好看 **C**

200B

使用克倫族草木染手織布製作的枕頭套。鮮豔的色彩是它的特徵 **C**

500B

顏色&花紋選擇多元

渡假村的穿搭風格

270B

鞋面為刺繡布料的沙灘拖鞋，腳踩部分的材質也是布料 **D**

各100B

各180B

320B

花紋布料搭配繽紛刺繡，裝得下各種化妝品，適合當旅行用的化妝包 **D**

印成符布（Pha Yant）模樣的小袋子，螢光色調很可愛 **D**

中央縫上少數民族布料的化妝包。鮮豔圖案搭配周圍的布料色彩恰到好處！適合收納紙巾、唇膏等小東西 **C**

D 恰圖恰週末市集
Chatuchak Weekend Market

週末限定的大規模市集

僅週六、日舉辦的市集，小型商家雲集。泰國風格設計的織品也很豐富，非常適合大量採購，也有不少不折扣商品。

恰圖恰週邊 **MAP** P.162 E-1

P▶056

還有這些商品！
☑ 餐具
☑ 雜貨
☑ 服裝

C Lofty Bamboo

以多采多姿的服飾單品著稱

日本人夫婦經營的雜貨店。幾乎所有商品都是原創設計，包含織品、服裝、包包、配飾。也經銷 Dew（P.73）的商品。

素坤蔚路周邊 **MAP** P.169 C-2

☎02-261-6570 🏠2F 20/7 Sukhumvit 39 Rd. 🕘9:30～18:30 🔒無休 🚊自BTS澎蓬站步行5分鐘 **CARD** **日本語** **英語**

還有這些商品！
☑ 服裝
☑ 家居用品
☑ 化妝品

勾動懷舊氛圍的新興焦點區域

探訪**Talat Noi**的**時尚咖啡廳！**

Talat Noi（小市場）早期是繁榮的華僑貿易據點，今日依然處處保留了當年的氛圍。這一區開了不少獨特的餐館與商家，是時下特別受泰國年輕人歡迎的地區。

茶具也好可愛！

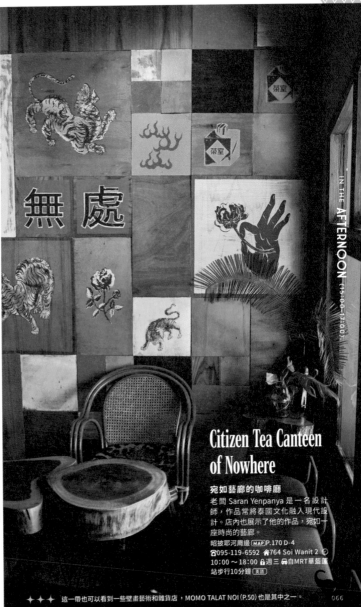

Citizen Tea Canteen of Nowhere

宛如藝廊的咖啡廳

老闆 Saran Yenpanya 是一名設計師，作品常將泰國文化融入現代設計。店內也展示了他的作品，宛如一座時尚的藝廊。

昭披耶河周邊 **MAP** P.170 D-4
☎095-119-6592 🏠764 Soi Wanit 2 🕙10:00〜18:00 🚫週三 🚇自MRT華藍蓬站步行10分鐘 **英語**

1 以獨家配方拼配世界各地的茶葉，並使用虹吸壺萃取出更好的香氣。Signature Tea 250B **2** 共有 5 種口味的濃郁泰式奶茶 120B **3** 飲料杯和店內展示的衣服、配件都是老闆親自設計，喜歡也可購買

◆◆◆ 這一帶也可以看到一些壁畫藝術和雜貨店，MOMO TALAT NOI（P.50）也是其中之一。

悠閒地眺望河川

1店內隨處可見老闆收藏的古董 **2**甜點有椰子冰淇淋 150B、芒果糯米飯 200B 等等。飲料價位約 100B 起

緊鄰昭披耶河，飽覽河川風光

Baan Rim Naam

寬闊無比的咖啡廳

緊鄰昭披耶河的河畔咖啡館。可脫下鞋子、在擺滿坐墊的空間好好放鬆。這裡在週末晚上還有現場音樂表演。

昭披耶河周邊 (MAP) P.170 D-4
☎085-904-6996 🏠378 Soi Wanit 2 ⏰12:00～22:00 🔒週一～三 🚃自MRT華藍蓬站步行10分鐘

蘇恒泰宅邸
So Heng Tai

歷史感滿載的老屋咖啡廳

這座宅邸擁有 240 多年歷史，是泰國相當貴重的文化遺產。目前的老闆為居住在此的家族第八代，可以先在店裡買杯咖啡或其他飲品，再逛一逛宅邸。

昭披耶河周邊 (MAP) P.170 D-4
☎091-870-0618 🏠282 Soi Wanit 2 ⏰9:00～18:00 🔒週一 🚃自MRT華藍蓬站步行10分鐘
英語

1中央泳池為老闆開設水肺潛水課程時使用的教學場地 **2**宅邸 2 樓也有桌位。飲料價位落在 100B 左右。純參觀的門票為 50B

你喜歡什麼樣的款式？
泰國傳統餐具採購行

所以我對泰國當地使用的「普通回
家。在自家裡做做看泰式料理！
因為這個原因，我們便調查了
一下全套的泰國餐具到底都有
哪些器具。

泰國餐具有好幾種風格，
有地方餐館使用的日常餐具，
也有堪比藝術品的皇室餐具，
來泰國時記得帶大一點的行李
箱！

而我這次選的種類是「五彩
瓷」、「宋加洛陶」和「青
花瓷」。每款的質感都有不同的
造型與色色，讓人好想一次買
下來呢。喜歡器皿的朋友，

圖案為泰國國花

有蓋首飾盒，一件 500B。
直徑約 6cm，剛好適合拿
來放飾品

也有無把手
的版本

BEST TIME 15:00
異國風格的傳統工藝品超可愛！
大量採購泰國餐具

好想買齊
不同顏色！

匙柄上有特殊
圖案的調羹
350B。筷架
的銷路也不錯

拿來放小東西
剛剛好

直徑 9.5cm 的平盤一
件 250B。也可以拿來
放飾品

可以當茶杯，也可
以當水杯的好用杯
子 1000B

高腳啤酒杯 1800B，
當作祝賀禮品也不錯

五彩瓷
阿瑜陀耶王朝時代的皇室
御用器物。上面通常繪有
印度教神鳥迦樓羅、花卉
和火焰等精緻的圖案，還
鑲著金邊，全仰賴工匠精
湛的技藝。

Thai Isekyu
專業師傅親手彩繪的正統工藝品
這間五彩瓷專門店提供許多餐具、花
器、茶具。週六以外的日子來店，還
可以欣賞到五彩瓷的製作過程，親眼
見識師傅彩繪如何彩繪。
素坤蔚路周邊 MAP P.169 A-1
02-252-2510　1/16 Sukhumvit 10 Rd.　09:00～16:00　週日
自BTS阿索克站　那那站步行5分鐘　CARD　英語

馬克杯 75B、
高腳盤 89B、
小碟子 35B

適合日常生活中使
用的平盤 210B

青花瓷

一種白底藍紋的瓷器，這裡介紹的青花瓷是
鳳梨圖案。每一件青花瓷的圖案都是人工手
繪，各具風采。

宋加洛陶

泰國北部的西薩查那萊於 13 世紀下半葉開
始製作的陶器，如今已大量減產，變得十分
珍貴。特色是印著魚和植物等樸素的圖案。

1馬克杯（附杯蓋和托
盤）199B **2**附蓋子和
底盤的小碗 169B，當
作茶杯使用也很可愛

曲線柔和、手感舒適的馬克杯
一個 450B。有 2 種顏色

還有這種餐具

3雞圖案的陶瓷平盤 45B。也有義
大利麵盤 **4**會被攤販採用的平盤
15B 等塑膠器皿

好像來到
泰國地方餐館♪

還有這種餐具

1地方餐館常看到這種印著雞圖案
的碗，一個 95B **2**樣式復古的老件
玻璃杯，一個 135B

Baan Charm

需要繞點路的餐具行

這間餐具行位於邦瓦，距離曼谷市中
心有段距離。寬敞的店內陳列著大量
餐具，猶如一座批發行。不過這間店
沒有空調，小心中暑了。
曼谷西部 MAP P.162 D-3
☎02-455-9255 🏠356 Kanlapaphruek Rd. ⊙9:30 ～ 19:00 🚫無
休 🚇自MRT、BTS邦瓦站／BTS烏達甘站搭車10分鐘 [英語]

KOON asian ZAKKA

可以體驗器皿彩繪

這是曼谷少有的宋加洛陶專賣店。不
只可以購買商品，還可以體驗陶瓷彩
繪。盤子價位 700B 起，也可以訂購
（製作時程約 1 個月）。
素坤蔚路周邊 MAP P.168 D-2
P▶064

花×甜點，史上最強的組合！

無敵可愛的花卉咖啡廳♡

推開店門的瞬間
整個人也心花怒放！

派克隆花市（Talat Pak Klong）作為泰國最大的花市而廣為人知，吸引不少觀光客慕名而來。這一帶花店林立，每間店外都擺著色彩繽紛的花朵，光是來這裡散散步、賞賞花，心情就好了起來。在這個地方，我特別推薦接下來要介紹的咖啡廳 FLORAL CAFE。

店面位於大樓，1樓為花店，2樓和3樓翻修過後開了現在的咖啡廳。裝潢也呼應店名，用花朵和古董家飾妝點得相當浪漫，只要看一眼，內心就會被其擄獲♡ 這裡不光是氣氛特別，其種飲料，味道也好得沒話說。雖然曼谷有很多水準很高的咖啡廳，但想要特別跟大家分享的，就是這一間了。

◆◆◆ 派克隆花市為 24 小時營業。距離 Talat Noi 也很近，可以順道過去看看。

070

分量有夠多！

FLORAL CAFE
at NAPASORN

人氣極高的花店與咖啡廳

這棟樓的 1 樓是花店，2、3 樓
則是咖啡廳。穿過花店，從店內
樓梯上樓，就會看到點餐櫃檯。
店內裝飾著鮮花和乾燥花，美得
令人出神。

大皇宮周邊 **MAP** P.163 B-3
☎099-468-4899
🏠67 Chakkraphet Rd.
🕘9:00～19:00 🔒週二
🚇自MRT沙南猜站步行5分鐘
CARD 英語

泰國最大規模！
別忘了逛逛花市

咖啡廳與派克隆花市之間只有 1 分
鐘的路程。這裡是泰國最大最熱鬧
的花市，絕對有到此一訪的價值！

1 右起：芒果優格果昔 150B、
胡蘿蔔蛋糕 180B、冰美式咖
啡 110B **2** 許多客人都喜歡被
乾燥花包圍的 2 樓座位 **3** 3 樓
有種古典的氛圍 **4**・**5** 1 樓花
店擺了許多漂亮的花瓶 **6** 入口
處的長椅是熱門拍照打卡點 **7**
繽紛花卉令人陶醉 **8** 在 2 樓櫃
檯點餐 **9** 酥脆豬肉沙拉 280B

本店限定！調出屬於
自己的美好香氣♥

1 擺著就能讓整個空間瀰漫著南洋
SPA 香氣。擴香瓶一件 1590B **2** 可
以任選 3 種喜歡香氣的客製化香水，
瓶子還會印上英文縮寫。2900B

熱銷排行No.1
茉莉花香

最受歡迎的產品是結
合茉莉花和薄荷香氣
的「Eastern Treat」
系列 **1** 護手霜 850B
2 潤膚油 1190B **3** 天
然皂條 360B

Erb bliss room

產品可愛，成分無憂

使用 100% 泰國產有機原料，
提供結合草本和花卉香氣的護
膚產品。絢麗的包裝教人心
動，如果收到這樣的禮物一定
會很開心。

暹羅站周邊 (MAP) P.164 D-2
☎02-102-6698 🏠999 Ploenchit
Rd. 蓋頌生活購物商城2F ⏰10:00
～20:00 🚫無休 🚇自BTS奇隆站步
行3分鐘 (CARD) 英語

IN THE AFTERNOON (15:00-17:00)

BEST TIME

15:00

5個迷倒全球美妝愛好者的泰國品牌

MADE IN THAILAND的
超神天然美容保養品!

◆◆◆ 素萬那普機場的免稅店也買得到HARRN和THANN的商品。

Abhaibhubejhr

皇室紀念醫院開發的商品

湄南河醫院開發的健康護理品牌，產品皆使用精心挑選的有機草本原料。營養補給品也深受大眾喜愛。

昭披耶河周邊 (MAP)P.170 F-3
☎02-210-0321　♠S Sathorn Rd. Thai CC Tower GF ◷9:30〜18:00 （週六〜17:00）🔒週日 🚇自BTS蘇叻沙站站步行5分鐘 (CARD)(英語)

HARNN ICONSIAM

華麗包裝也是一大魅力

五星級飯店 SPA 指定品牌，使用米糠油和泰國天然草本製作的各種產品非常適合買來送禮。

昭披耶河周邊 (MAP)P.170 E-4
☎02-288-0287　♠299 Charoen Nakhon Soi 5 暹羅 天地4F ◷10:00〜22:00 🔒無休 🚇自BTS沙龍那空站步行1分鐘／中央碼頭(MAP)P.170 F-4)搭乘接駁船

Dew

討論度超高的臭氧化油！

在產品中使用臭氧化有機植物油的化妝品品牌，據說具有修復皮膚細胞的效果。產品不含任何人工添加物。

Lofty Bamboo P▶065

THANN ICONSIAM

提倡全面性的身心健康

運用植物成分與天然精油的天然護膚品牌，推出以 5 種香氣為基礎的系列產品。

昭披耶河周邊 (MAP)P.170 E-4
☎02-288-0105　♠299 Charoen Nakhon Soi 5 暹羅 天地4F ◷10:00〜22:00 🔒無休 🚇自BTS沙龍那空站步行1分鐘／中央碼頭(MAP)P.170 F-4)搭乘接駁船

量子殼釘也好可愛☆

旅行用的迷你尺寸

HARNN ICONSIAM

❶有山竹、檸檬香茅等種類，3 個一組 ❷淋浴露 & 乳液組 1150B ❸不含酒精的臉部保濕噴霧 425B

Abhaibhubejhr

❶主要成分為蓮花、竹子、米的天然精華。夜間修護凝膠 350B ❷含明礬的水晶除臭滾珠瓶 70B、噴霧 45B ❸夜間抗皺精華液 500B，搭配❶一同使用效果更佳

8種精油！

Dew

私密處也要好好呵護

❶泰國東北部楠府生產的古代鹽 45B ❷具備補充維生素、除皺等 8 種功效的臭氧化油 ❸具有護膚效果、含臭氧化油的乳霜 240B

柑橘的香氣♪

成分含乳油木果脂

THANN ICONSIAM

❶含鳳梨與柚子成分的保濕面膜（4 片裝）1050B ❷使用米油、野芒果製作的護唇膏 490B ❸含玫瑰水的眼部精華液 1500B

放鬆身心靈的 泰國草本香氣

草藥療法在泰國行之有年，自古以來，以當地植物、米、椰子等植物作為主要成分的天然護膚品，在泰國的天然護膚品牌中佔有多席之地。因此，舉凡泰國皇室紀念醫院開發的健康護理品牌，或是擁有奢華香氣的 SPA 品牌，無論喜好如何，你都能找到自己喜歡的店品。

我通常會採購日本少見的檸檬香茅和茉莉花香氛產品，每次使用都能回憶起愉快的旅程，顯然能實際感受到超出標示的效果呢（笑）。

1 餐點類型相當豐富，有泰國菜，也有西餐 **2** 涼亭邊緣還有吊床般的放鬆小空間 **3** 座位設計成水上涼亭風格，工作人員會在池中走動，服務客人

規模龐大、壯闊主題令人
難以壓抑雀躍之心！

泰國人非常喜歡拍照，聽到社群媒體上熱烈討論什麼，就算再遠也願意特地跑一遭。

或許就是這個原因，近年來曼谷郊區冒出愈來愈多時髦的咖啡館。大家之所以特地跑來這些地方，就是為了各處充滿魅力的選樣與設計風格。其中最具代表的店家為這間 Bubble in the Forest Cafe，巨大的人造池上有好幾座水上涼亭座位，遺世獨立的光景十分壯觀！另外一間 HANSA cafe 則有如童話故事裡的世界，滿滿的奇幻感令人沉醉不已♡大老遠跑一趟才能體會的感動，絕對會讓各位留下難忘的回憶。

Bubble in the Forest Cafe

足以代表泰國的吸睛咖啡廳

這間咖啡廳在社群媒體上爆紅，甚至有人稱之為「泰國的馬爾地夫」。雖然地處曼谷郊區，排隊人潮仍然從不間斷。平日時段開放預約，週末僅能現場候位，有時候可能需要等上數小時。

曼谷郊外（MAP）P.162 D-1 ☎065-727-6888
🏠170 Charoen Tha Alley, Bang Toei, Sam Phran District ⏰10:00 ～ 21:00 🔒無休 🚗自素坤蔚路周邊搭車1小時 （CARD）

右起：藍色夏威夷蘋果蘇打 89B、泰式奶茶冰沙 139B、芒果起司蛋糕 169B

令人心動，獨一無二的空間！

跑遠一點也值得的**極品咖啡廳**

**還可以到隔壁的餐廳
吃午餐**

咖啡廳旁邊是姐妹檔家人經營的餐廳。池邊
座位很好拍！

炸空心菜

餐廳提供正宗泰國料理，
客人大多是當地人。特別
推薦大家嘗嘗看炸空心
菜！

HANSA cafe.food.garden

時尚姊妹檔共同經營

一對熱愛韓國文化的姊妹，在家族經營
的農園內開設的咖啡廳。咖啡廳周圍有
不少長椅和鞦韆，可以自由自在地散
步。

曼谷郊外 MAP P.162 D-1
☎099-468-4899
🏠Chaiyapruek, Tambon Bang Phlap,
Amphoe Pak Kret
🕘9:00～18:30 🔒週二
🚗自素坤蔚路周邊搭車1小時 英語

寧靜小鎮裡陡然出現一間咖啡廳，這幅光
景如繪本中的世界

1 也推薦店內可以觀賞農園風景的吧台座位 **2** 最推薦的甜點是用農園摘的椰子做成
的蛋糕 90B **3** 姊妹檔會在入口的櫃台歡迎客人♪

BEST TIME

16:00

曼谷到處都有氣氛超棒的咖啡廳。Baan Rim Naam（P.67）的開闊空間舒適無比♪

有效消除
局部疲痛

暢銷多年的
好東西！

分送用的伴手禮
絕對少不了 鼻吸劑 ！

用最愛的 修護小物
呵護旅行累積的疲憊

旅遊的好幫手！
泰國國民 消暑用品 ！

便宜又好用的藥妝品

小物、常見伴手禮統統找得到。
力推薦的必買商品！

盡情享受旅程還可以
調節 生理期 不規律!?

首款清涼爽身粉，可以緩解暑熱引起的皮膚發炎，還具有除臭止汗效果！Cooling Powder 65B Ⓚ與 E 同牌的暖感貼片，貼在腹部或腰部上可以陣陣發熱，緩解不適。GOLD PRINCESS Warm Patch 200B Ⓝ涼感衛生棉在泰國非常受歡迎。我個人覺得這能大幅減輕悶熱感，但或許不是人人都喜歡這種感覺。SOFY Cooling Fresh Sanitary Pad 75B Ⓜ低刺激性、具除臭效果的私密部位專用肥皂，價格實惠。LACTACYD all-day care 135B Ⓛ由美容醫療界極負盛名的然禧國際醫院開發，可預防黑斑、雀斑，並促進皮膚新陳代謝。Yanhee Mela Cream 149B Ⓞ堪稱泰國國民軟膏的熱門商品，富含蘆薈葉汁和維生素 E，適用於各種皮膚問題。SMÉOTH Ö Cream 715B Ⓟ保濕效果卓越，人稱極致美容乳霜。Hirudoid® 108B Ⓝ促進皮膚再生，改善痘疤、黑斑、色素沉澱和細紋。ACNETIN-A 150B Ⓞ保濕效果出色且具抗氧化效果，也能有效修復皮膚疤痕。Hiruscar Gel 209B Ⓢ包裝圖案復古，色彩鮮豔，十分可愛♡每一種顏色都是不同的花香。PARROT Botanical Soap 各 4 包一組 36B Ⓣ含茉莉香米、薑黃和山竹精華的麻質沐浴手套。可以去角質，使皮膚變得 Q 彈。MAITHONG Balancing Whitening Bath Mitt 66B Ⓥ很多人都說泰國漱口水的美白效果比日本漱口水還好！LISTERINE COOL MINT Mouthwash 87B Ⓣ泰國的牙膏種類很豐富，其中這一款 CP 值特別高！SPARKLE FRESH WHITE 115B Ⓦ防止起床時的口臭，同時具備美白效果，是一款非常優秀的牙膏。DENTISTE PLUS WHITE 234B

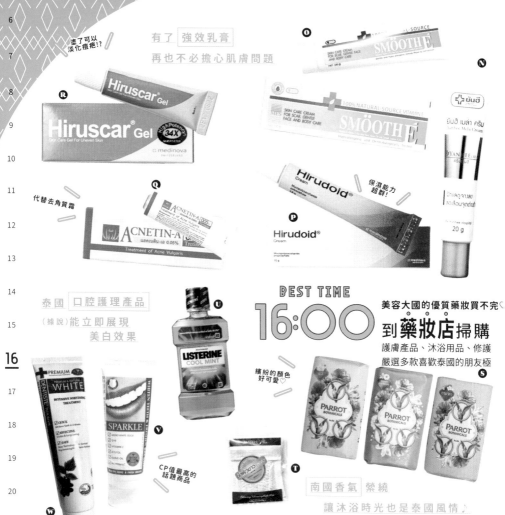

有了 強效乳膏
再也不必擔心肌膚問題

塗了可以
淡化痘疤!?

Hiruscar Gel

SMOOTH E

保濕能力
超群!

代替去角質霜

ACNETIN-A 0.05%

Hirudoid®

泰國 口腔護理產品
（據說）能立即展現
美白效果

DEST TIME
16:00

美容大國的優質藥妝買不完♡
到 藥妝店 掃購
護膚產品、沐浴用品、修護
嚴選多款喜歡泰國的朋友極

繽紛的顏色
好可愛♡

LISTERINE
COOL MINT

CP值最高的
話題商品

南國香氣 縈繞
讓沐浴時光也是泰國風情♪

Boots EMQUARTIER

優質藥妝品應有盡有

這間連鎖藥局在泰國各地都有開設分店。素坤蔚路一帶外國遊客眾多，該區的分店也有許多英語流利的員工。只要告訴他們商品名稱，他們會非常細心地為您服務。

素坤蔚路周邊 [MAP] P.169 C-2 ☎083-057-7100
🏠695 Sukhumvit Rd. EmQuartier 3F ◯10:00~22:00 🔓無休 🚇BTS澎蓬站出口直達 [CARD]
[英語]

Ⓐ擁有復古、可愛老虎圖標的「鼻吸劑」（Ya Dom）。TIGER BALM® INHALER 25B Ⓑ使用泰國產薄荷製造。Peppermint Field Inhaler 22B Ⓒ舊款包裝再掀熱潮。HONTHAI Compound Herb Inhaler 28B Ⓓ知名鼻吸劑製造商推出的口罩用薄荷清香精油也不錯。Peppermint Field Mask Drop 39B Ⓔ含泰國草本原料成分的足部貼布，睡覺時貼在腳底，可以促進體內毒素排出，隔天早上神清氣爽！GOLD PRINCESS Foot Patch 200B Ⓕ有效消除肩頸疲痛的虎標軟膏，質地親膚的乳膏深得人心。TIGER BALM® Neck & Shoulder Rub 189B Ⓖ帶有椰子和牛奶香氣的磨砂鹽。350g 才這個價格，物超所值！YOKO Salt BodyScrub 29B Ⓗ主要成分為洋甘菊萃取物，添加胡椒薄荷精油、桉樹精油的喉嚨噴霧，是我喜歡的香氣♡ Kamillosan M160B Ⓘ泰國人熟悉的消暑商品，小巧的噴霧瓶方便隨身攜帶。SNAKEBRAND Cooling Mist 89B Ⓙ全球

Make Me Mango
Tha Tian

最大的魅力在於選擇多元!
不只有經典的芒果糯米飯,還有水果塔、刨冰、聖代,冰沙更是超過30種,種類豐富。中央世界購物中心也有分店。

大皇宮周邊 (MAP) P.163 A-3
☎02-622-0899 🏠67 Maha Rat Rd.
10:30〜20:00 ❌無休 🚇自MRT沙南猜站步行8分鐘 (CARD) (英語)

這間店有3層樓,先於1樓點餐結帳,即可入座等待店員送餐

椰奶

MUST EAT♡
Make Me Mango
245B

與店名同名的招牌餐點。所有冰淇淋和布丁都是店家自製,可以細細品嘗各種口味!

新鮮芒果

16:00

驚人的甜度♡入口後讓你瞬間笑逐顏開!
新鮮芒果吃不完的
甜點SHOP

芒果專賣店的芒果,滋味果然與眾不同!
特別是經典的芒果糯米飯一定要嘗嘗。

這一道也很推薦!

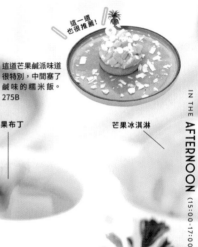

這道芒果鹹派味道很特別,中間塞了鹹味的糯米飯。
275B

芒果布丁

芒果冰淇淋

糯米

據說在泰國可以買到超過170種芒果。買回飯店自己切,比較看看味道也不錯♪

MUST EAT♡
芒果糯米飯
**Mango Stickyrice
150B**

據說這是全曼谷最好吃的芒果糯米飯，每天都會賣出上千份。大塊芒果吃起來口感極佳！

Mae Varee

大排長龍的芒果店

老闆自己有經營農場，堅持生產高品質的芒果。這間總店僅提供外帶，中央世界購物中心分店則可以內用。

素坤蔚路周邊 **MAP** P.168 E-3
☎02-392-4804
🏠1 Thong Lo Rd.
⊙6:00～22:00 🔒無休
🚃自BTS東羅站步行1分鐘 英語

好想要邊走邊吃♪

芒果糯米冰淇淋
**Mango & Stickyrice
Ice-Cream 199B**

2

上面放了好多芒果

芒果布丁＆鮮芒果
**Mango Pudding with
Real Mango 89B**

1

1牛奶布丁上面擺了新鮮芒果 **2**口味濃郁的自製芒果冰淇淋。分量有大有小，大份的會額外添加芒果和糯米飯。

重量級芒果甜點

MUST EAT♡
遠的芒果與優格
**Forever Mango
with Yogurt 119B**

芒果濃郁的甜味和優格的酸味相輔相成。雖然是果昔，不過裡面還加了芒果塊。

堪稱一道甜點

MUST EAT♡
寶藏No.5
**Treasure No.5
139B(S)**

芒果果昔再加上芒果塊、椰子和芒果冰淇淋。2個人吃的話建議點標準分量 189B

雙手合十的芒果吉祥物站在門口迎接客人！

Yenly Yours ICONSIAM

芒果甜點連鎖店

主打用大量芒果製作的刨冰和果昔。店面位於 EmQuartier（P.60）和中央世界購物中心（P.60）等購物中心內。

昭披耶河周邊 **MAP** P.170 E-4
☎094-736-2163 🏠299 Charoen Nakhon Soi 5暹羅天地4F ⊙10:00～22:00 🔒無休 🚃自BTS沙龍那空站步行1分鐘／中央碼頭 **MAP** P.170 F-4)搭乘接駁船 **CARD** 英語

高級飯店的細膩美味

裝飾和風味都富含變化的品項齊聚一堂♡

超有品味的下午茶IN曼谷！

吃了心情一定變好的
美好甜點！

① 拼配泰北和中國有機茶葉的各式茶品 ② 可以任選 3
樣喜歡的糕點，包括 2 種司康、馬卡龍、4 種鹹點

曼谷嘉佩樂酒店
Capella Bangkok

賣相華麗，味道一流

位於飯店 1 樓的 Tea LOUNGE 每天
中午 12 點〜下午 6 點限定供應下
午茶餐點。SIGNATURE HIGH TEA
SET 3200B，含香檳 5200B（均為 2
人份）。

昭披耶河周邊 MAP P.162 E-2
☎02-098-3816 ⌂300/2 Charoen
Krung Rd. ◷12:00 〜 18:00(Tea
Lounge) 🔓無休 🚃自BTS沙潘塔克辛站
步行10分鐘 CARD 英語 P●152

我認為，世上沒有任何食物
比下午茶更令人雀躍不已，不
僅口味多元、樣樣美味，外觀
也是一級棒。所以在我看來，
曼谷根本就是天堂！曼谷的下
午茶擁有世界頂尖的水準，無
論甜點還是氛圍皆供不應求。

其中曼谷嘉佩樂酒店的下午茶
更是無與倫比，可以身處在
一流飯店的高雅環境之中，
品嘗由 Beige Alain Ducasse
Tokyo 前甜點主廚 Sylvain
Constans 製作的頂級甜點。

如果想嘗試看看泰國特色甜
點，可選擇前往歷史悠久的
The Gingerbread House，這
間店還可以租借傳統服裝，盡
情享受心神飛揚的好時光♪

1 泰式千層糕和金蛋球，都是作為吉祥象徵而為大家所熟悉的傳統甜點，外觀相當精美，令人捨不得吃下肚 **2** 套餐的紅茶可以選擇冰的或熱的 **3** 加了鮮奶油和青草凍的泰式奶茶刨冰

泰國傳統甜點擺滿桌

可以一次嘗到各種泰國傳統甜點和新式甜點的下午茶套餐 999B。金色的點心架也很有泰國風情，與整體氛圍相互呼應

The Gingerbread House

歷史情懷滿溢的老宅

將 1913 年落成的宅邸翻修成咖啡館，提供傳統服裝租借服務，可以在古色古香的店內拍照（1 小時 199B）。也可以只點飲料。

大皇宮周邊 MAP P.163 C-2 ☎097-229-7021 🏠47 Dinso Rd. ◎11：00～20：00（週六、日9：00～20：00）🔓無休 🚇MRT三峰站步行10分鐘 英語

用真正的寶石裝飾的 Boutique of Jewels 2200B（2 人份）

模擬珠光寶氣的珠寶盒

137 PILLARS SUITES & RESIDENCES

在泰外國人最愛的下午茶

澎蓬區住了許多外國人，而這間飯店就是這一區最熱門的公寓型酒店。26 樓的 Bangkok Club 每天下午 1 點至 5 點都會供應下午茶。

素坤蔚路路周邊 MAP P.168 D-1 ☎097-229-7021 🏠59/1 Sukhumvit 39 Rd. ◎7：00 ～ 19：00(BAAN BORNEO CLUB) 🔓無休 🚇自BTS澎蓬站步行12分鐘 CARD 英語

1 提供 5 種鹹點、5 種甜點，還有 2 種司康和茶點。茶品包含清邁品牌 Monsoon Tea 的 5 種口味 **2** 可以俯瞰澎蓬地區的視野也很吸引人

全球桑拿愛好者都讚嘆的超強功效！

體驗排毒效果驚人的
傳統藥草蒸汽桑拿

藥草香氣
令人陶醉！

遵循古法的
寺院桑拿體驗

在醫療院所出現前，泰國人會到寺院接受藥草治療。

其中一種治療方式就是藥草蒸汽桑拿，現在許多寺院和SPA依然還有這項療程。

在曼谷的市中心，就可以體驗到全球罕見的寺院桑拿。Wat Khachon Siri 的桑拿設施位於大雄寶殿後方，機制相當傳統，是利用柴火加熱，將藥草產生的蒸汽送入桑拿室。這裡混合了40幾種藥草，可以期待芳香療癒服務、提升免疫力的效果。雖然這座寺院沒有架設官方網站，但是在人口耳相傳之下，也吸引了世界各地的桑拿愛好者前來體驗。

Wat Khachon Siri

擁有桑拿設施的寺院

這裡是曼谷少數依然保存傳統桑拿設施的寺院。看到大量堆放的木柴就知道來對地方了。這裡雖然無法用英語溝通，但許多常客都會親切地協助你。

安努周邊 **[MAP]** P.162 F-2

🏠 7 Soi On Nut 45, Sukhumvit 77 Rd.
🕐 13:00 ～ 18:00(桑拿) 無休
🚇 自BTS安努站搭車10分鐘

用柴火蒸烤香茅、柑橘和高良薑等 40 種以上的草藥

免費續杯

② 行李放在置物櫃

入口附近的置物櫃可以自由使用。不過置物櫃不能上鎖，不放心的話還是建議將行李帶在身邊。

行李放進去

① 於入口支付費用

桑拿浴一次 50B。寺院可能不會準備超過 100B 以上面額的零錢用於找錢，建議多準備一些零錢。

③ 喝杯藥草茶

浴場入口可以領取特調草本茶，據說喝了可以提高排毒效果。

藥草蒸汽桑拿體驗心得！

筆者親身體驗！——解說收費方式和入浴方法。

使用方式

**不必預約，
沒有時間限制！**

隨時想到，隨時前往，非常方便，而且不限時，想待多久就待多久。

**可以花20B
租借毛巾＆服裝**

另一個優點是可以接在其他行程之後。不過這裡沒有肥皂等清潔用品，有需要的人請自行準備。

④ 換上租好的服裝，喝杯藥草茶

delivery ออนไลน์
food delivery ออนไลน์

ออนไลน์

冒了好多汗！

男女浴場是分開的。換上類似 Pareo 的服裝後，喝杯藥草茶暖暖身子。

⑤ 進入桑拿房！

建議每次蒸個 5 ～ 10 分鐘，重複 5 次。這裡也有淋浴間。

BEST TIME 16:00

為身心補充滿滿元氣的都會綠洲♡

時尚SPA會館
的獨一無二身心修護療程

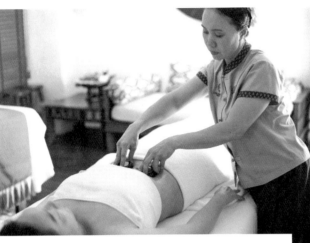

最推薦的方案

QUEEN OF OASIS
120分鐘／3900B

結合熱石、瑞典式按摩、芳療。熱石的溫度可以放鬆肌肉，有效改善身體機能。

精油也是溫熱的

1 接待與結帳的大廳 **2** SPA產品的草本成分都是使用泰國產的有機原料 **3** 館內環境宛如渡假飯店

還有原創商品可以買！

館內售有堅持使用天然有機成分的 KIN 系列產品。右起：洗髮露750B、沐浴磨砂膏750B、護膚油750B

Sawatdee Ka

工作人員和治療師細心親切的服務也是受歡迎的原因之一

來愈多次愈喜歡
我最愛的SPA♡

每當別人問我最推薦哪家SPA，我總會先想到 THE OASIS SPA。要我舉出究竟喜歡這裡哪一點實在太困難了，因為這間 SPA 無論技術、還是服務都出色無比！THE OASIS SPA 在曼谷有兩家分館，其中我特別推薦這裡介紹的素坤蔚分館。這座分館與「OASIS」（綠洲）的名字十分相稱，感覺打從踏進這瀰漫著益草茶的場館的那一刻起，身心就開始排毒了。療程結束後，身心都會倍感輕盈，整個人變得神清氣爽。

泰國

可以上官方網站預約。網站上也會公告不定期實施的優惠活動資訊。

綠洲水療素坤蔚31

THE OASIS SPA Sukhumvit 31

療癒身心的都會綠洲

來自清邁的連鎖 SPA。以「綠洲」為概念，與綠意協調的美麗設施是這裡的特徵。精湛的技術和服務無可挑剔，深受好評，也因此旺季很難預約。

素坤蔚路周邊 MAP P.169 C-1
☎02-262-2122 64 Soi Sawasdee, Sukhumvit 31 10：00～22：00 無休 自BTS阿索克站搭車5分鐘
CARD 英語

偶爾也要來趟奢侈的行程!

奢華飯店SPA，
給你漂亮美肌與好心情♡

如果想要體驗頂級 SPA，找一流飯店準沒錯！
在奢華至極的空間，享受頂級服務與療程。

SPA MENU

- ☑ Thermal Infusing Facial 90分／5500B
- ☑ Purifying Body Boost 90分／5900B
- ☑ Bangkok Rejuvenation 2.5小時／8500B

The Siam
Hotel Bangkok

OPIUM SPA

極致奢華的SPA

這是曼谷一流的高級 SPA，
開業以來獲獎無數，也曾獲選
「全球最佳城市水療中心」。
昭披耶河周邊 MAP P.162 D-1 ☎
02-206-6999 🏠3/2 Thanon
Khao ⏰10:00～20:00 🔓無休
🚇自MRT詩琳通站搭計程車5分
鐘 CARD 英語

喝杯花草茶
神清氣爽♪

療程結束後，還會提供
花草茶與甜點，可以在
寬敞的 SPA 大廳悠哉
地放鬆一下

使用澳洲 SPA 品牌
「Sodashi」100%
天然成分的產品

✦ ✦ ✦ 以上介紹的 SPA 都可以在各飯店的官方網站上預約，療程資訊也很詳細。

整體為木質調的溫暖空間

招牌療程 THE PENINSULA ROYAL THAI MASSAGE WITH HERBAL COMPRESS
120 分鐘／5650B

THE PENINSULA BANGKOK

THE PENINSULA SPA

與眾不同的氛圍與服務

飯店的水療中心為泰式殖民地風格建築，氛圍非凡。提供結合東方和西方療法以及阿育吠陀哲學的療程。

昭披耶河周邊 MAP P.170 F-4
☎02-020-2888 🏠333 Charoen Nakhon Rd. ⏱9:00 ～ 23:00 🔒無休 🚇自BTS沙龍那空站步行5分鐘 CARD 英語

1 充滿 The Siam 飯店感的典雅氛圍 2 所有療程室都是獨立包廂，也可以多人一起接受療程

SIGNATURE SENSE OF PLOEN MASSAGE
90 分鐘／5000B

ROSEWOOD BANGKOK

Sense, A Rosewood Spa

全球唯一的獨特療程

提供許多源自泰國少數民族文化和歷史的療程，以獨一無二的 SPA 體驗享譽國際。

販售「Evidens de Beaute」的 SPA 用品

暹羅站周邊 MAP P.162 F-2
☎02-080-008 🏠1041/38 Ploenchit Rd. ⏱10:00 ～ 21:00 🔒無休 🚇自BTS奇隆站步行1分鐘 CARD 英語

連接水療中心的走廊也十分美麗，一步入飯店就令人期待到不行

2 在家也能做出道地泰國菜♪

香料＆調味料

只需加一加、拌一拌，就能做出道地的泰國風味。種類多到讓人產生選擇障礙。

包準滿意的Lobo牌！

瓶身插畫好可愛

1 上起：泰式海南雞飯、炒河粉的醬料各30B、馬沙曼咖哩醬15B **2** 辣椒粉95B、檸檬香茅粉70B **3** 淋在烤雞上享用的沙嗲醬69B **4** 稀飯調理包，4包入60B

BEST TIME 17:00

實際嘗試後精挑細選的購物清單！

超市必買！
34款真的**很好吃的食品**

到泰國旅行，一定要找時間逛超市。一次採買大量食材，回國之後也能享受道地的泰國風味。

1 升級早餐體驗的
吐司抹醬

我特別喜歡甜蜜蜜的龍眼花蜜。泰國產夏威夷豆抹醬跟吐司也很合拍！

附蜂蜜棒♪

1 董山地區部落栽培的夏威夷豆製成的抹醬175B **2** 泡著蜂巢的花蜜259B **3** 推薦當成伴手禮的軟管裝蜂蜜40B

4 名店的味道果然沒話說

泰國茶

老字號泰國茶行「Cha Tra Mue 手標茶」推出的茶包。可以大大提升下午茶時光的幸福指數！

1 泰式奶茶 **2** 奶綠。各130B，裡面有50包茶包

3 經典款＆稀有款 泰國必買 果乾 ！

這些都是日本比較難吃到的熱帶水果，有些稀有產品也可以買來當作與朋友分享的話題。

芋頭×羅望子

1 羅望子夾心芋頭餅。左邊則是香蕉×百香果口味，各50B **2** 人氣 No.1 的 Doi Kham 芒果乾 70B **3** 巧克力香蕉乾 199B

6 甜的鹹的我都要

5款私心推薦 **甜點**

我帶著自律的心情（笑），推薦以下幾款泰國才買得到的商品和口味。

當下酒菜也OK

葡萄口味

檸檬口味

1 有芒果辣椒、馬沙曼咖哩等獨特口味的泰國 Bean to Bar 巧克力各 188B **2** 口味溫和的椰子餅乾 16B **3** 辣味炸小魚乾 157.5B **4** 泰式壽喜燒名店 MK 推出的維生素軟糖各 29B **5** 蝦米餅 60B

---

5 買到行李箱裝不下為止！

輕便又不會壞的 **快煮麵**

還可以另外購買湯包和調味料，挑戰調配屬於自己的泰式風味♪

SET!

分量有190g！

內含調味料♪

1 輕鬆做出道地泰國麵食，粿條調理包 19B **2** 咖哩炒螃蟹風味杯麵 3 杯裝 52B **3** 粄條 44.50B **4** 拿來炒或加到湯裡都不錯的萬能河粉 70B **5** 炒河粉＆醬料調理包 118B **6** 單份裝的冬粉 11.75B

GOURMET MARKET THE EMPORIUM

主要於購物商場展店的連鎖超市。遊客喜愛的商品應有盡有，特別推薦素坤蔚路周邊的分店。

素坤蔚路周邊 (MAP) P.169 C-2
☎02-269-1000 🏠622 Sukhumvit Rd. ⊙
10：00 ～ 21：00 🔓無休 🚇BTS澎蓬站出口
直達結 (CARD) 英語

---

7 封住醃菜、咖哩美味的 **罐頭**

罐頭比玻璃罐更輕便，比真空包更安全。新鮮水果不能帶回國，那就帶水果罐頭！

咖哩口味的鮪魚罐頭

1 甜度適中的龍眼罐頭 43B **2** 酸酸甜甜的酸菜適合搭配粥或麵料理。21B **3** 綠咖哩及紅咖哩口味的鮪魚罐頭，各 47B。倒入盤子加熱後更美味！

17:00

來泰國必逛的水上市場

安帕瓦水上市場
絕無僅有的道地泰國風光

古樸美麗的街景，與熱鬧非凡的活力相互融合。這裡是泰國人也愛逛的安帕瓦水上市場，是絕對值得遊客特地走一遭的知名景點。

兩側河岸
擠滿了攤販！

兩岸小徑上的攤位密密麻麻，景象十分壯觀。建議以特別熱鬧的渡橋周邊為中心進行遊覽。

也有名品♡邊逛邊享用路邊攤料理！

1 安帕瓦靠海，海產豐富。蒸貽貝 40B 2 炸魚漿 50B 3 地瓜球攤販 4 安帕瓦名產「歪頭魚」（短體鯖魚）。

掃購比市中心便宜的小東西！

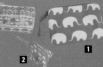

1 鮮豔吸睛的化妝包 40B 2．3 可愛的迷你化妝包各 20B 4 木瓜沙拉、芒果糯米飯等食品微縮模型磁鐵各 20B

傍晚 6 點以後
超熱門的賞螢遊船！

流經安帕瓦的美功河是知名的螢火蟲棲地。遊船參加費用為每人 60B

以店家每逢火車經過都要迅速收攤的景觀而聞名的美功鐵道市集，距離這裡路程僅 15 分鐘。也可以報名參加兩處景點全包的導覽。

1 少數船隻也有販賣餐點，購買後可以坐在河邊階梯上享用♪ **2** 坐在空間開闊的河畔餐館與咖啡亭，雙腳懸在河上的感覺也很吸引人

1
2

從曼谷搭車
約1.5小時

安帕瓦
水上市場

Amphawa Floating Market

這座繁華的市場以安帕瓦運河為中心，全長約 500m，僅週五～日 3 天營業。若從曼谷前往，搭計程車最為方便，車費單趟約 1000B。

曼谷郊外 MAP P.162 E-3
Amphawa ⊙15:00 ～ 21:00 週一～四 自素坤蔚路周邊搭計程車1小時30分鐘

超級美味!

aroi maak!!

在街上散步時的好夥伴

外帶飲品

IN THE **AFTERNOON** (15:00〜17:00)

絕妙二合一
Better Half
145B

芒果與椰奶一起打，上面還放了椰子肉
Make Me Mango Tha Tian店 P▶080

還加了芒果塊!

冰冰涼涼！

甜甜蜜蜜！

Mango Smoothie
115B

芒果果昔

Ma Muang
มะม่วง
芒果

泰國一年四季都吃得到芒果，而且甜度很高，打果汁或果昔都很好喝！

店家不計成本使用特製芒果果泥，還加了西米露
Make Me Mango Tha Tian店
P▶080

Kluay
กล้วย
香蕉

Kluay 是香蕉的泰語。泰國人最愛吃又小又甜的芭蕉（กล้วยน้ำว้า / Gluay Nam Wah）。

香蕉本身最純粹的美味

有機冷萃椰子咖啡
Organic Cold-brew Coconut Coffee
130B

清爽的椰子汁和冷萃咖啡，喝之前記得攪拌。

Banana Milk Shake
50B

香蕉奶昔

滿滿的香蕉

只使用甜美的香蕉和牛奶打成的單純果昔

有機椰奶咖啡
Organic Coconut Milk Coffee
130B

椰子果肉吃起來QQ軟軟

Coconuts Coffee
กาแฟมะพร้าว
椰奶咖啡

咖啡加入椰子汁或椰奶，瞬間變成南國風情飲品！

用濃郁椰奶調製的拿鐵，也能做成熱飲

椰子水

🄲 Cha Tra Mue

老字號泰國茶品牌
提供正宗泰式茶飲的專櫃，經銷據點位於Terminal 21、車站內部和購物中心等曼谷市內各處。

素坤蔚路周邊 (MAP) P.169 B-1
🏠88 Sukhumvit Soi 19, Terminal 21 GF ⏰10:00〜21:00 🚫無休 🚇自BTS阿索克站／MRT素坤蔚站步行1分鐘 [CARD] [英語]

🄱 Patom Organic Living

討論度超高的有機咖啡廳
位於市中心，卻擁有綠意盎然的美麗空間。提供的所有飲品和甜點均使用有機材料，另售有化妝品和食品。

素坤蔚路周邊 (MAP) P.168 E-1 ☎02-084-8649
9/2 Sukhumvit 49/6 Rd. (Soi Prompak) ⏰9:00〜19:00 🚫無休 🚇自BTS澎蓬站／東羅站搭車5分鐘 [英語]

🄰 Kluay Kluay

使用契作香蕉製作甜品
位 於 Siam Square Lido Connect 2 樓 的香蕉甜點店。招牌甜點是炸香蕉佐冰淇淋109B。

暹羅站周邊 (MAP) P.165 B-2
☎062-879-2953 🏠Rama I Rd., Siam Square, Lido Connect 2F ⏰11:00〜20:00 🚫無休 🚇自BTS暹羅站步行2分鐘

094

蝶豆花茶拿鐵(冰)
Butterfly Pea Latte(Cold)
140B

Butterfly Pea
อัญชัน
蝶豆花茶

蝶豆花是泰國一種豆科植物開的花，其特殊的藍色來自花青素，具有養顏美容的功效。

喝了水噹噹 ♡

熱的也好好喝♡

熱蝶豆花茶拿鐵 120B，還可以欣賞漂亮的拉花

加了滿滿的牛奶＆砂糖，味道溫潤柔和 🔵

加了綠色珍珠的泰奶拿鐵。也可以不加牛奶 🔵

Cha Nom Yen
ชานมเย็น
泰式奶茶

泰式奶茶是將調和了香草等香料的紅茶茶葉沖泡成茶，再加入牛奶、煉乳調製而成。

TEA LATTE

配冰一起吃！
泰式奶茶冰淇淋 45B。只在Terminal 21店和廊曼機場店限定供應

泰茶拿鐵 55B
Thai Tea Latte 55B

珍珠米

Starbucks
สตาร์บัคส์
星巴克

泰國人也愛星巴克，來泰國一定要嘗嘗看南國的獨特口味。

柳橙通寧
Orange Tonic
100B

ORANGE

清爽風味

日落
Sunset
170B

荔枝伯爵茶
Lychee Earl Grey Tea
180B

南國滋味♪

限定

洛神花茶、柳橙汁、蘇打水的調飲。含柳橙片 🔵

伯爵茶、荔枝汁、蝶豆花茶的調飲。含荔枝果肉 🔵

Orange Coffee
กาแฟส้ม
橙香咖啡

冷萃咖啡

咖啡或濃縮咖啡中加入柳橙汁的喝法，已經成為泰國咖啡館的經典調飲。

冷萃咖啡加了橙皮與通寧水 🔵

---

f Starbucks Reserve®
Chao Phraya Riverfront

季節特調＆該店限定飲品人氣很高！
泰國第一家提供 TEAVANA（紅茶系列）的星巴克。供應許多結合紅茶與泰國水果的限定風味調飲。
昭帕耶河周邊 (MAP)P.170 E-4
☎02-495-7000 🏠299 Charoen Nakhon Soi 5 灑羅天地 7F ⏰10:00～22:00 🈚無休 🚇自BTS 沙龍那空站站步行1分鐘／中央碼頭(MAP)P.170 F-4) 搭乘接駁船
(CARD)(英語)

e Blue Whale

知名蝶豆花茶飲店
這些蝶豆花調飲不僅看起來可愛，喝了還能養顏美容。可內用。
大皇宮周邊 (MAP)P.163 B-3
☎096-997-4962
🏠392/37 Maha Rat Rd.
⏰9:00～18:00 🈚無休 🚇自MRT沙南猜站步行6分鐘
(CARD)(英語)

d Roots at Thonglor

咖啡迷熱愛的咖啡廳
第三波咖啡浪潮下誕生的咖啡廳，每一杯咖啡都是咖啡師精心沖泡，也販售自家烘焙的咖啡豆與可頌。
素坤蔚路周邊 (MAP)P.168 E-1
☎097-059-4517 🏠17 Sukhumvit 55 Rd. The COMMONS M Floor ⏰8:00～19:00（每日營業時間不同）🈚無休 🚇自BTS東羅站搭車5分鐘
(CARD)(英語)

曼谷午後的點點滴滴

AFTERNOON TIPS

1樓上的階梯狀座位視野極佳 2提供手沖和虹吸咖啡，也有酒精飲品 3這間店才有的飲品

隨行杯等泰國限定商品

蝶豆花茶等瓶裝飲料也是泰國特色款

星巴克

สตาร์บัคส์

泰國最大間的星巴克 品嘗特色飲品&採購限定商品

在曼谷市內的眾多星巴克之中，最受矚目的莫過於暹羅天地 7 樓的分店。這裡有 400 多個座位，堪稱泰國最大的星巴克，打通兩層樓的寬敞空間也相當舒適。

Starbucks Reserve®
Chao Phraya Riverfront P▶045、095

有機產品

ออร์แกนิ ค

有機咖啡廳也能買到有機藥妝！

Patom Organic Living（P.94）也有販售天然成分藥妝，而且口碑相當不錯。

熱銷的洗髮精 369B 和護膚霜 155B

藥妝

สำอาง

便利商店也能買到便宜好用的藥妝

泰國的便利商店可以買到各式各樣的藥妝。也有很多單次用量款式的防曬乳和精華液，不妨買來試用看看。

還有常見品牌的嬰兒油與護髮油！

咖啡廳

คาเฟ่

天天去也不是問題的在地連鎖店！

「Café Amazon」是在泰國擁有超過 3000 間分店的連鎖品牌，不僅品項價格實惠，且店面隨處可見，非常方便。

手機 app

แอพ

善加利用app的優惠！

使用智慧型手機 app「Hungry Hub」訂位，即可獲得高級飯店自助餐或 SPA 折價券，超值優惠不能錯過！

theCOMMONS

素坤蔚路周邊 MAP P.168 E-1
☎02-712-5400
17 Sukhumvit 55 ◷8:00～凌晨1:00(視店鋪而異) 無休
自BTS東羅站搭車3分鐘

潮流景點

เทรนด์

美食街有許多熱門話題商家

位於東羅的環保商業設施。1 樓 M floor（市場樓層）是知名商家齊聚一堂的美食街，可以在中庭般的公共空間用餐。

當天來回！
從曼谷出發的異地小旅行

\ MUST SEE! /

SHORT TRIP

from **Bangkok**

1DAY TRIP!
Ayutthaya P.098
大城

2DAYS TRIP!
Pattaya P.106
芭達雅

ISLAND TRIP
Koh Lan P.112
格蘭島

大城
曼谷
★
芭達雅

\ 跟我去旅行！ /

NAVIGATOR

AYANO　我愛大城恬靜的氛圍，只是有時候會被一群野狗包圍。

SAKI　我喜歡芭達雅的海與城鎮。一到海濱渡假村，人也興奮了起來。

距離曼谷90分鐘車程、規模壯闊的世界遺產！
走訪古都，盡情享受一場穿越時空的旅行

Ayutthaya

大城(阿瑜陀耶)

生平第一次
看見這樣的景色！

SAKI

古蹟的規模和城市的美麗程度都超乎想像。即使單趟車程要花上 1.5 小時也絕對值得！

顛覆你對古蹟的認知
驚奇不斷的大城

大城是泰國旅遊的人氣景點之一，交通便利，和曼谷兩地之間可以當日來回。這裡擁有規模在全世界屈指可數的古蹟群，還被登錄為聯合國教科文組織的世界遺產之一。散布城市各處的古蹟數量、壯闊的規模、神祕的氛圍，以及充滿情調的城市風情，無不令人嚮往。這座城市有太多值得走訪、值得親眼欣賞的地方，必須掌握幾個最佳景點，才能提高遊覽效率。因此，這裡將會介紹運用半天盡情逛遍大城的行程。首先，要將範圍聚焦在被譽為「五大古蹟」的5座寺院。途中還可以到周邊的咖啡廳和餐廳品嚐美食，歡迎大家參考這套最佳路線！

'Ayutthaya'

Wat Ratchaburana

Mae Pranee Boat Noodle

Wat Lokkaya Sutha

Wat Phra Mahathat

Busaba Cafe & Bake Lab
Night Market

Wat Phra Si Samphet

Pa Thon Rd.

Ayutthaya Station

N

Si Samphet Rd.

Khlong Tha Rd.

U Thong Rd.

Wat Chai Watthanaram

Sala Ayutthaya

Chao Phraya River

前往大城的交通手段

□ 火車
從曼谷車站（華藍蓬車站）出發，交通時間約 90 ～
120 分鐘，視車種而定。列車班次固定，一律採對號
座制度，有空調的特快二等車廂票價為 165B 起。

□ 計程車
雖然可以直接與司機交涉，但使用 Grab 或請飯店禮
賓人員協助叫車會更安心。車程約 90 分鐘，費用約
1200 ～ 1500B。

當地交通手段

□ 嘟嘟車
火車站和主要古蹟周圍通常會有好幾台嘟嘟車等待載
客，單趟行情價約 80 ～ 100B。也可以選擇包車，
可依照 1 小時約 200 ～ 300B 的基準，與司機進行
討論議價。

□ 腳踏車
火車站周圍和舊市區有許多腳踏車出租行，單日租金
約 50B。租腳踏車可以自由移動，不必顧慮時間。
不過，因為大城的太陽相當毒辣，務必戴上帽子和太
陽眼鏡！此外，6 ～ 10 月為泰國的雨季，有一定機
率碰上陣雨。

當日來回推薦行程

8:30 從曼谷車站出發

10:00 抵達大城站 P▶100

10:30 肚子餓了吃份船麵 P▶100

11:30 拉嘉布拉那寺 P▶101

12:30 瑪哈泰寺 P▶101

13:00 能望見世界遺產的人氣咖啡廳 P▶102

14:00 帕席桑碧寺 P▶102

15:00 羅卡雅蘇塔寺（涅槃寺） P▶103

16:00 柴瓦塔那蘭寺（貴妃寺） P▶103

（+1DAY 過夜行程的夜間活動！ P▶104）

來大城必吃的
特色美食

古蹟周圍的樹蔭較
少，務必自備帽子和
太陽眼鏡，同時也別
忘記適時補充水分。

10:00
抵達**大城車站**

如果時間充裕，非常推薦搭火車。沿途可以欣賞窗外依舊保有古樸泰式風光的美麗風景，心曠神怡之際，不知不覺就到站了。

充滿懷舊感的月台值得拍照留念

1

2

1當地最方便的交通工具為嘟嘟車。火車站周圍通常會有好幾輛嘟嘟車隨時待命 2候車室也充滿懷舊感！

大城車站
Ayutthaya Station

(MAP) P.171 C-1

🏠 Phra Nakhon Si Ayutthaya District

10:30
先來份大城的名物
船麵填飽肚子

由於這種麵過去是在船上販賣的，所以稱為船麵。大城有許多船麵店，但這間老店特別受歡迎，建議提早前往，避開排隊人潮！

出神入化的煮麵手法

2

1

4

3

1一碗的份量大約是日本拉麵的 3 分之 1，一個人應該可以吃 2～3 碗 2‧3 這家店的一大特色，是店面擺著大大的鍋子和整整齊齊的麵碗 4船麵 40B。配料推薦牛肉（เนื้อ），麵條選擇河粉（เส้นเล็ก）

兩三口解決小碗船麵

Mae Pranee Boat Noodle

(MAP) P.171 B-1

☎ 062-415-4626

🏠 14/6 Tambon Hua Ro

🕐 8：00～16：00 🚫週二

🚗 自大城車站搭嘟嘟車10分鐘

在地美食♪

1 拍照訣竅是將門框當成相框 2 穿過入口附近的正門後看見的景觀

11:30

在拉嘉布拉那寺
拍出如詩如畫的美照

這座建於 1424 年的寺院,保存了全泰國最古老的壁畫。儘管古蹟大多部分已經毀壞,但門後屹立不搖的佛塔依然很壯觀,也是熱門的拍照景點。

拉嘉布拉那寺
Wat Ratchaburana

(MAP) P.171 B-1
🏠Chikun Alley Thambon Tha Wasukri ⏰8:00〜18:00 🔒無休
💲入場費50B 🚌自大城車站搭嘟嘟車12分鐘

世界遺產!

佛像平和的法相從盤根錯節的樹木中露出來,宛如藝術品。一切充滿了神祕感。

AYANO

12:30

前往佛像被樹木包覆、
洋溢神祕感的
瑪哈泰寺

這是一座足以代表 13 世紀的佛教寺院遺址。其最大的看點,是長年來被菩提樹緊緊包覆住的佛像頭部。拍攝時要避免自己的頭高過佛像的頭。

瑪哈泰寺
Wat Phra Mahathat

(MAP) P.171 B-1 🏠Naresuan Rd. Thambon Tha Wasukri ⏰8:00〜18:00 🔒無休 💲入場費50B 🚌自大城車站搭嘟嘟車12分鐘

13:00

在能夠眺望世界遺產的咖啡廳補充能量

泰國大城的咖啡廳數量與日俱增,不過我最推薦的,是這間位於拉嘉布拉那寺對面的咖啡廳。3樓窗邊是最好的位子,可以一面眺望佛塔、一面享受下午茶時光。

最好搭配燒菓子

Busaba Cafe & Bake Lab

MAP P.171 B-1 ☎064-040-3353 📍25 Chikun Alley Thambon Thawasukri ⏰9:00～18:00 🏠無休 🚗自大城車站搭嘟嘟車12分鐘 英語

1 店如其名,陳列著許許多多自製糕點,宛如一座烘焙實驗室。奶油蛋糕各100B 2 顯眼的綠色招牌 3 我最推薦的飲料是上面放著一支冰棒的飄浮飲。Coconut float 130B

14:00

到帕席桑碧寺散散步,
欣賞提到大城就不能錯過的經典風光

這個地方是泰國阿瑜陀耶王朝首位國王建立的首座王宮遺址,也是皇室宗廟的遺跡,內有3座高約40m的巨大佛塔,人稱泰國大城最美麗的風景。

美景看不完!

帕席桑碧寺
Wat Phra Si Samphet

MAP P.171 B-1
🏠Amphur Muang ⏰8:00～18:00
🏠無休 💰入場費50B 🚗自大城車站搭嘟嘟車15分鐘

這裡也是大城最大的寺院,從入口走到佛塔大約需要10分鐘

SAKI 很少看到連頂端都保存得這麼完好的佛塔。夜間點燈後的視覺效果也很迷人,非常推薦!

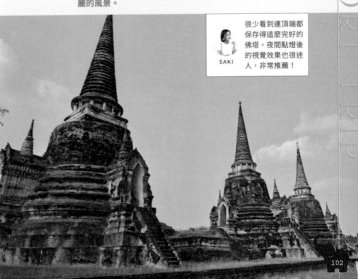

臥佛像背後，
是幾乎盡數傾
圮的寺院遺址

羅卡雅蘇塔寺
令人歎為觀止的
巨大臥佛！

這尊遺世獨立的巨大臥佛像長達
28m，高達5m，令人不禁肅然起敬。
巨大佛像橫臥在殺風景的野外環境，
這般驚人的景象，也只有在泰國大城
才看得到。

羅卡雅蘇塔寺
Wat Lokkaya Sutha
MAP P.171 A-1
🏠199/29 U Thong Rd.
🕐24小時 ⓗ無休 ⓟ自由
參觀 🚗自大城車站搭嘟
嘟車15分鐘

據說是大城最壯麗的風景
將**柴瓦塔那蘭寺**的景色深深刻在心上

AYANO
這是五大遺跡中規
模特別大的一座。
由於當地沒有地方
可以遮陽，建議傍
晚前往！

經過持續的修繕，遺址已經漸漸
找回往日風采。望著佛塔群的景
色，感受阿瑜陀耶王朝過往的榮
景。周圍有許多出租傳統服裝的
店家，許多遊客也會專程前來這
裡拍照。

柴瓦塔那蘭寺
Wat Chai Watthanaram
MAP P.171 A-2
🏠Tambon Bam Pom 🕐8:00～18:00
ⓗ無休 ⓟ入場費50B 🚗自大城車站搭嘟
嘟車20分鐘

1・3換上傳統服裝拍照的遊客。另
含專業攝影師協助攝影的方案也很
熱門 2夕陽沉落佛塔之間，奇幻景
象令人著迷

TODO-1

住進Sala Ayutthaya 在大城最美飯店， 悠哉地度過一整天

堪稱在泰國各地推出精品旅店的品牌 Sala 最高峰作品、足以代表大城的人氣旅宿之一。設計主軸採用古蹟的紅磚牆意象，客房則裝潢成現代渡假風格。

Sala Ayutthaya

MAP P.171 B-2 ☎035-242-588 🏠 9/2 Moo 4, U-Thong Rd. ⏱IN 15:00、OUT 12:00 ㊗Deluxe River View 1晚1房8000B起 🛏26 間 🚗自大城車站搭嘟嘟車10分鐘 CARD 英語

跳脫日常的別緻環境

完美揉合古都風情與南國渡假勝地元素，令人感動的獨特空間♡

AYANO

有些客房還能遠眺寺院！

POOL

ROOM

RESTAURANT

GALLERY

1 紅磚牆為熱門拍照打卡點 2 共有 10 間客房面向昭披耶河 3 非住房客也可以到飯店內的河畔餐廳用餐 4 游泳池設計採現代渡假村風格 5 餐廳提供烤河蝦在內的豐富大城知名料理 6 畫廊展示許多泰國藝術家的作品

TODO-2

多了一股奇幻的氛圍，夜晚點燈的古蹟必看

夜幕低垂後，某些古蹟會點燈。古蹟在強烈的明暗對比之下更顯莊嚴，展現出異於白天的魅力。晚餐過後不妨出門散散步，看看這些古蹟。

會點燈的幾個主要寺院

拉嘉布拉那寺、瑪哈泰寺、帕席桑碧寺、柴瓦塔那蘭寺

SAKI

內部不開放參觀，只能從外圍觀賞。推薦搭乘嘟嘟車環遊！

MAP P.171 B-1
Bang lan Rd. 自大城車站搭嘟嘟車10分鐘

TODO-3

前進郊外才有深入在地的感覺！逛夜市，吃宵夜！

整條路上的攤販幾乎都是賣吃的，有熟悉的烤肉串，還有大城知名的烤河蝦，每一攤都適合買一點當宵夜。

發現在地知名美味！

1 每天都有許多在地居民和觀光客前來，熱鬧非凡 2 距離瑪哈泰寺步行距離 3 分鐘

1 12:30 ～ 16:00 限定供應的下午茶套餐（2 人份）790B 2 窗邊是可以欣賞到河景的最佳位置

TODO-4

需事前預約、能盡情享受飯店魅力的精緻下午茶

Sala Ayutthaya 屋頂的 lounge bar，能看到對岸的普泰沙旺寺。不少人都是專程前來以美景搭配這裡的下午茶享用。請務必要事前預約。

距離曼谷車程只要2小時！
熱鬧的南國濱海渡假村

Pattaya
芭達雅

東方夏威夷!?

AYANO

如果想在海邊和城市裡玩得盡興，建議在當地住一晚♪

前往芭達雅的交通手段

☐ **計程車**
從曼谷市區前往芭達雅需時約2小時～2小時30分。費用為雙方議價，行情落在1500～2000B。也可以請飯店工作人員協助交涉。

☐ **巴士**
從曼谷 BTS 伊卡邁站附近的東巴士站 （MAP）P.168 F-3）出發約需時2小時30分。單程票價為119B，每小時一班。

當日來回推薦行程

DAY1
8:00　從曼谷出發＆抵達後先至飯店寄放行李
11:00　到芭達雅海灘周邊散散步 P▶108
13:00　午餐前往海鮮餐廳 P▶108
15:00　將軍山觀景台 P▶109
20:00　夜遊芭達雅步行街 P▶109

DAY2
10:00　近距離接觸大象的活動 P▶110
14:00　到海灘咖啡館小憩片刻 P▶110

當地交通手段

☐ **雙條車**
於芭達雅海灘和中天海灘（另譯鍾天海灘，Jomtien Beach）周圍繞行的共乘計程車，可於任意地點上下車。上車時舉手示意停車，下車時再按下車鈴通知司機。單趟10B。

☐ **計程機車**
車資需自行議價，大約每10分鐘的距離50B。但一般在路上攔不到。

☐ **Grab**
可以呼叫計程車或者計程機車的手機app。價格便宜，可刷卡支付車資。詳情請見 P.61。

踏上被壯麗海灘
撫慰身心的小旅行♪

面向泰國灣的芭達雅，距離曼谷往東南約160公里。從曼谷市區出發車程約兩小時，從素萬那普機場出發則約1個半小時，是一座交通便捷、魅力無窮的渡假城市。當地最主要的景點「芭達雅海灘」周邊有許多飯店、餐廳和購物中心，從早到晚都充斥著歡樂氣息。雖然曼谷的都會感也不賴，但是難得出國一趟，總是會讓人想去充滿泰國情調的海灘渡假勝地享受一下！所以，我決定來趟芭達雅小旅行。欲充分享受芭達雅的海灘、購物、美食、美景，建議至少要規劃兩天一夜的行程。

1 芭達雅海灘沿岸的「海灘路」是最熱鬧的地段 2 參觀將軍山上的寺院 3 晚上超熱鬧的步行街！

Pattaya

Jomtien Beach

InterContinental Pattaya Resort

Khao Phra Tamnak

Jae Tum

Pattaya Beach

Cave Beach Club

Jomtien Second Rd.

Walking Street

Pattaya Beach

Thepprasit Rd.

Thepprasit Night Market

Nongnooch Tropical Botanical Garden

Sukhumvit Rd.

SEA ZONE

在海灘悠閒放鬆片刻之後，可以到海灘路附近的巷弄探險一下！

SAKI

11:00

第一站先到
芭達雅海灘附近散步

芭達雅最主要的海灘，海岸線長達4km。推薦租一把遮陽傘，待在海灘上度過一段悠閒時光，也可以從事香蕉船和滑翔傘等水上活動！

芭達雅海灘
Pattaya Beach

芭達雅海灘周邊
MAP P.171 C-4
🏠Beach Rd. ⊙自由出入 🚶自巴厘海碼頭步行15分鐘

邊走邊吃好開心♪

南國情調一百分！

1、2 可以租借沙灘椅和遮陽傘，也買得到新鮮果汁和啤酒 3 位於第二大道的攤販村「飛機夜市」

13:00

午餐當然要吃海鮮！

來到海邊小鎮，當然要大啖海鮮！這一次我們前往遊客較少的在地人氣餐廳，可以嘗到用各種方式調理的蝦、蟹、貝等海鮮料理。

一大盤的飽滿鮮蝦

烤扇貝 280B（前）、清炸鱸魚 420B（後）

蒜辣炒蝦 1300B

Jae Tum

中天海灘周邊 MAP P.171 B-4 ☎087-144-9929 🏠44/114 Thep Prasit 17 ⊙11：00～22：00（週六11：00～15：00、17：00～22：00）週二 🚶自巴厘海碼頭搭車10分鐘

1 觀景台附近有一座小佛寺「Khao Phra Bat」，可以自由參觀 2 觀景台的長椅。九重葛開得好可愛！

15:00
爬上將軍山一覽芭達雅海灘風光♪

將軍山上有兩座可以俯瞰芭達雅海灘的觀景台，還有佛寺與海景咖啡廳。

將軍山
（菩壇那克山）
Khao Phra Tamnak

將軍山周邊 MAP P.171 B-4 🚩Bang Lumuang District ⏰自由出入 🚗自巴厘海碼頭搭車5分鐘

芭達雅海灘一覽無遺！

來這裡喘口氣！

Coffee Break Pattaya 是一間可以俯瞰海景的咖啡廳。水果奶昔 50B

可愛的霓虹燈

20:00
晚上想去哪裡玩？
夜遊步行街
or逛夜市

霓虹燈炫目、餐廳酒館林立的街道，或是能一次滿足口腹與購物欲的夜市，都是夜間的好去處！

Thepprasit Night Market
中天海灘周邊
MAP P.171 B-4 🏠18 Thepprasit Rd. ⏰17:00～22:30 🈵無休 🚗自巴厘海碼頭搭車10分鐘

也有賣服飾與雜貨的攤商

AYANO 夜市的物價比曼谷便宜，可以盡情享受購物的樂趣！

路邊也有攤版

步行街
Walking Street
芭達雅海灘周邊
MAP P.171 C-4
🚶自巴厘海碼頭步行5分鐘

10:00
稍微跑遠一點 和大象近距離 接觸

芭達雅郊外有一座大型主題樂園，可以體驗餵親人的大象吃香蕉，還有表演可以觀賞。

SAKI

園區也有美食街和紀念品店，一整天都能玩得很開心！

和大象一起合照留念。

也可以搭乘繞園導覽巴士。不知道為什麼，竟然還有巨大的恐龍雕像！

多才多藝的可愛大象

東芭樂園
Nongnooch Tropical Botanical Garden

芭達雅南部 MAP P.171 A-4 ☎081-919-2153 ⚐34 Na Chom Thian, Sattahip District ⏰8：00～18：00 🚫無休 🅿門票500B、門票＋導覽巴士700B、門票＋表演800B、門票＋導覽巴士＋表演1000B 🚌自巴厘海碼頭搭車40分鐘

3

14:00
到海灘咖啡館小憩片刻

位於芭達雅海灘南邊的中天海灘沿岸開設了許多時髦咖啡館。

1 可以在懶骨頭和沙發上放鬆 2 沙灘上也有座位 3 年餐品項相當豐富，如椰子海鮮咖哩450B（上）、玉米鹹蛋涼拌青木瓜絲180B（下）

1

2

Cave Beach Club

中天海灘周邊 MAP P.171 B-4
☎083-825-8283 ⚐Soi Na Jom Tien 10 ⏰11：00～24：00 🚫無休 🚌自巴厘海碼頭搭車30分鐘

充分感受南國氣息 **好想住在熱帶風情渡假村!**

> AYANO
>
> 待在面海渡假飯店,慵懶一整天也是不錯的選擇!

1 將汪洋盡收眼底的「無邊際餐廳」,日落時分的景色尤其壯麗! 2 享受豪華的地中海料理

RESTAURANT

ROOM

熱帶渡假村風情♪

1

POOL

3 獨享絕美景觀的客房露台 4 洲際酒店集團精心打造的舒適客房。某些房型還有私人泳池 5 3座被熱帶植物包圍的渴湖型泳池

芭達雅洲際渡假村
InterContinental Pattaya Resort

將軍山周邊 [MAP] P.171 B-4 ☎038-259-888 ♠437 Phra Tamnak Rd. ⏰IN 15:00 • OUT 12:00 ㊿1晚1房5593B起 🏠156間🚕自巴厘廉頭搭車5分鐘 [CARD] [英語]

TODO

來到海邊渡假勝地當然要住海景飯店!

這間五星級飯店以壯闊的海洋全景和豐富的設施著稱。客房、別墅、泳池、餐廳和水療中心散布於面海的山坡上,窩在這裡一整天也不是問題!

芭達雅附近的
離島小旅行

順道前往
格蘭島逛一逛!

從芭達雅出發只要15分鐘
就能抵達氣氛開適的離島♪

格蘭島（MAP P.171 B-3）位於芭達雅外海約7.5km處，是一座被珊瑚礁包圍的小島，也是離曼谷最近、廣為人知的渡假小島，外國觀光人潮相當可觀。島上有5座海水浴場，還有許多小餐館、夜市，推薦找機會來體驗一下小島特有的寧靜時光。

前往格蘭島的交通手段

☐ **渡輪**

從巴厘海碼頭出發，船程約45分鐘，票價30B。共有2種船班，分別前往納班碼頭和塔汶海灘碼頭，兩者都是約每小時一班。

☐ **快艇**

從巴厘海碼頭出發，船程約15分鐘，票價150～200B。快艇船班較為頻繁，不需預約，可以直接至巴厘海碼頭以現金購買船票。

還有養了小豬的咖啡廳！

來格蘭島一定要做的 **5** 件事

KOHLAN-2
尋找時髦咖啡廳♪

島上有許多能拍攝美照的咖啡廳。Kamari Cafe的店裡面還有人工沙灘，蔚為話題！

KOHLAN-1
逛遍島上所有的海灘

格蘭島面積不大，一天就能逛遍島上最大的天海灘還有浮潛熱點塔汶海灘。

KOHLAN-3
深入夜市探訪一下

納班碼頭附近的廣場也是當地人聚集的市場，到了晚上攤位更多，氣氛更熱鬧。

KOHLAN-5
到在地餐館享用海鮮

晚餐推薦到海鮮餐廳享受近海捕獲的新鮮海鮮。西芹炒鯖魚130B，價格相當實惠。

KOHLAN-4
搭上雙條車，全島跑透透

雙條車是島上最方便的交通方式。車資視距離而定，從納班碼頭到塔汶海灘約20B。

巧克力香蕉迷你可麗餅10B，品名還叫做「東京」！

坐在貨車的車斗！

112

SHORT TRIP TIPS

Pattaya

01 ACCESS
若是搭乘計程車不妨順道拜訪「粉紅象神」

從曼谷可以搭乘計程車前往芭達雅。粉紅象神廟（P.28）剛好也在同一個方向上，不妨和司機商量一下，在去程或回程時繞去參觀。

02 BEACH
還有好幾座推薦逛逛的海灘！

南邊的中天海灘（MAP P.171 B-4），氣氛較芭達雅海灘安靜許多。北部的納克魯亞海灘（MAP P.171 C-4）則有種神祕感！

小心別被人體彩繪業者敲竹槓

03 SHOPPING
芭達雅&格蘭島的物價比曼谷便宜！

相對於大型觀光都市曼谷，其他地區的魅力之一就是物價更便宜。例如市場裡的泰國花紋褲，在曼谷要價150B，到了芭達雅只要100B左右。

Ayutthaya

01 ACCESS
交通工具選擇多，但最推薦搭火車！

搭火車可以體驗在地氛圍，價格也相對便宜。根據2023年7月的資訊，區間車、普通車是從曼谷車站（MAP P.170 F-1）出發，快速、特快和超特快車則是從阿披瓦中央車站（MAP P.162 E-1）出發。

搭巴士也能到

曼谷車站位於曼谷市中心，與MRT車站共構。

03 ELEPHANT
選擇對大象更友善的方式

大城有騎乘大象（大象背上有椅子）的體驗活動。許多人認為這種行為長久下來會對大象造成傷害，所以我們應該選擇對大象比較友善的方式。

02 HERITAGE
列入世界文化遺產的大城古蹟群！

大城曾是阿瑜陀耶王朝的首都，盛極一時。其遺跡群已經整修成歷史公園，1991年列入聯合國教科文組織文化遺產。

佛統
Nakhon Pathom

從曼谷出發 搭車 1小時30分鐘

廣為人知的佛教聖地

佛統位於曼谷往西約58km處，相傳佛陀的教誨當初就是從印度傳入此地，乃是傳承佛教的城市。「佛統大塔」是世界上最高的佛塔，也是當地的象徵。

高達 120m！

甘加那汶里府
Kanchanaburi

從曼谷出發 搭車 3小時

穿梭溪谷的浪漫旅行

甘加那汶里府位於曼谷往西約110km處，擁有動人的山河風光，知名景點有伊拉旺國家公園和賽育國家公園。全長約300公尺的懸崖鐵道Tham Krasae Bridge很值得拍張照片留念。

Short Trip
其他推薦的小旅行目的地

如果想規劃一趟從曼谷出發的小旅行，大城是最多人的首選。不過曼谷郊外還有一些適合一日遊的迷人小鎮。想要自由行動，可以直接包下一輛計程車；想要輕鬆一點，也可以參加旅行團的導覽行程。

IN THE

Night

18:00 - 21:00

曼谷夏季的日落時間大約是 18:30 左右，
冬季則是 19:00 前後。晚霞浸染昭披耶
河的向晚時分，可謂曼谷最美麗閃耀的時
刻。欣賞完傍晚的美景後，就來準備迎接
期待已久的晚餐吧。

眺望矗立於昭披耶河對岸的鄭王廟（P.20），景色相當壯觀

1 曾在紐約三星級餐廳累積經驗的店主兼主廚 Ton。他除了 Le Du 之外還經營了其他 6 間店 2 套餐搭配的飲品可選擇葡萄酒或康普茶 3 店面為老屋翻新，裝潢簡約，氣氛舒適

Le Du

國際認證亞洲No.1

這間現代泰式料理餐廳，自 2019 年開業以來屢獲米其林星級肯定。2023 年更榮登亞洲 50 大最佳餐廳的第一名。

席隆站周邊 〔MAP〕P.167 B-2
☎092-919-9969 🏠399/3 Silom soi 7 🕒18：00～23：00 🔒週日
🚇自BTS鐘那席隆站步行2分鐘
〔CARD〕〔英語〕

既滿足心靈也滿足食慾的高水準豪華晚餐♡

曼谷美食的焦點，就在 米其林推薦餐廳！

曼谷是亞洲代表性的美食之都。米其林星級餐廳的頂級泰式料理，吃過一次保證難以忘懷！

IN THE **NIGHT** (18:00-21:00)

以法餐手法詮釋泰國傳統料理。餐點不只味道令人難忘，擺盤也十分美麗。套餐內容會隨著季節調整

適合配葡萄酒

僅供應 4 道菜（3900B）和 6 道菜（4500B）的套餐。照片前方是使用大型河蝦製作的招牌菜

Le Du 和 POTONG 皆可透過官方網站訂位。請注意，若臨時取消也必須支付全額費用！

招牌菜是使用鴨肉的主餐。將熟成 14 天的鴨肉烤得酥酥脆脆，搭配鴨心、麻婆豆腐和拌飯等附餐

POTONG

獨一無二的泰式×中式料理

華裔移民背景的廚師，創造出各種融合泰式與中式菜肴的無國界料理。這家餐廳於 2021 年開業，隔年便獲得米其林星級肯定。

唐人街 (MAP) P.170 D-1
☎ 082-979-3950 🏠 422 Vanich Rd. ◷ 17：00 ～ 22：00 🔒週二、三 🚇自 MRT 龍蓮寺站步行 7 分鐘 (CARD) 英語

1 · 2 店主監主廚 Pam 是華裔移民第四代。據說餐廳所在的大樓是於 1910 年落成，主廚的祖先曾在此經營中藥房 3 也可以單純到頂樓的 Opium Bar 喝酒 4 用一道前菜展現泰國兩大代表性螃蟹的魅力。餐點部分僅提供套餐 Tasting Course（5500B）。

以粉紅色和金色為基調的現代裝潢，營造出溫馨舒適的空間

吃飯想吃得有格調？上一流飯店就對了！

一流飯店的餐廳永遠不會隨波逐流，持續綻放以被時間風化的魅力。近年來，曼谷的飯店如雨後春筍般冒出，各式各樣的飯店餐廳，也帶來多采多姿的料理。因此，我參考了曼谷在地老饕的口碑，精心挑選了3家口味、氣氛和服務兼備的飯店餐廳，只要各位造訪這些地方，保證能吃上一頓超一流的正餐♪

BEST TIME

味道與氣氛都是最高水準，幸福度 120 分♡

18:00

泰國老饕鍾情的 3間一流飯店餐廳

Ojo Bangkok

曼谷街景一覽無遺

瑪哈納功功標準酒店（P.150）最受歡迎的餐廳，主打以泰國食材結合墨西哥風味的獨特料理。餐廳位於王權瑪哈納功大廈的 76 樓，無論白天夜晚，都可以欣賞玻璃幕外的絕佳景色。

席隆站周邊 MAP P.167 B-3
☎02-085-8888 🏠114 Narathiwas Rd., King Power Mahanakhon 76F ⏰11:30〜14:30、17:30〜23:30 🈚無休 🚇自BTS鐘那席站步行5分鐘 CARD 英語

1 墨西哥主廚推薦的前菜包含：布拉塔起司沙拉 430B、鮭魚卵酪梨醬 540B、玉米筍墨西哥沙拉 390B、鮪魚塔塔醬 850B **2** 主菜之一的脆皮烤乳豬 2550B，搭配自家製墨西哥薄餅和糯米飯享用 **3** 色彩亮麗的雞尾酒

◆◆◆ Ojo Bangkok 以球體為主題的裝飾令人印象深刻，怎麼拍都好看。洗手間的裝潢也很值得欣賞一下！

Spice Market

香氣四溢的極品香料咖哩

可以單點許多運用各式香料的道地泰國料理。菜單每 6 個月更換一次。

暹羅站周邊 [MAP] P.164 D-3

☎ 02-431-9496 🏠 155 Ratchadamri Rd. 安納塔拉暹邏飯店 1F ⊙ 12：00 ～ 14：30、18：00 ～ 22：30 🔒週日 午餐 🚇 自 BTS 拉差當梅站步行 3 分鐘 CARD 英語

安納塔拉暹邏飯店內的餐廳，裝潢概念為泰國香料市場

❶甜點是芒果糯米飯 350B
❷香料炒草蝦 1520B ❸涼拌青木瓜絲和烤雞 400B

飄著肉桂和小豆蔻香氣的綠咖哩 400B

這是前菜！

午餐時段提供價格較親民的套餐。照片中的套餐是 LONG CHIM PAK TAI，含 8 道菜 2800B（2 人份）

用高級食材讓自古以來大家所熟悉的風味大升級。Sam Rub 套餐包含主廚引以為傲的 11 道菜，5000B（2 人份）

Phra Nakhon

飯店出品家常菜

餐廳位於昭披耶河岸的曼谷嘉佩樂酒店內，供應經典泰國家常菜。除了多樣套餐，單點選項也很豐富。

昭披耶河周邊 [MAP] P.162 E-2

☎ 02-098-3817

🏠 300/2 Charoenkrung Rd. 曼谷嘉佩樂酒店 B1F ⊙ 6：30 ～ 23：00（11：00 前僅提供早餐）🔒無休 🚇 自 BTS 沙潘塔克辛站步行 10 分鐘 CARD 英語

外國人也鍾情的味道！泰國獨特的伊善料理

所謂的伊善料理，是泰國東北部伊善地區鄉土料理的總稱，據說是過去經由外出討生活的勞工傳入曼谷，並慢慢流傳開來。伊善地區土地貧瘠，又不靠海，因此有許多以費工著稱的傳統料理，經常運用發酵食品和炒過的米穀粉。其深奧的風味魅力無遠弗屆，日本人熟悉的涼拌青木瓜絲、泰式烤雞、糯米飯等泰國美食都屬於伊善料理。如果上述泰國菜都喜歡，那就一定要造訪ZAO。這間餐廳對食材很講究，全部都是伊善當地生產，並且來自伊善的主廚重現各種泰國家常菜，可以品嘗到最純正的在地正統風味。

BEST TIME
18:00
盡是非吃不可的品項！
當地才吃得到的伊善料理

使用伊善在地食材的5道必吃美食

茄子拌菜脆豬皮
Eggplant Relish with Crispy Pork Skin
220B

陶鍋烤豬頸肉
Clay Pot Roasted Pork Neck
350B

香料山竹沙拉佐魚露蟹醬
Spicy Mangosteen Salad with Fermented Fish Sauce and Crab Paste
320B

烤淡水魚
Grilled Craved Fish 350B

紫糯米飯
Purple Sticky Rice 30B

1餐廳入口旁的窗戶後面就是廚房，可以看到廚師大展手藝的情景 **2**素雅的店內空間裝潢

1醃過特製醬料的烤豬頸肉 **2**茄子拌菜。可以用酥酥脆脆的炸豬皮蘸著吃 **3**伊善料理的代表性料理，使用炒過的米穀粉製作的沙拉。辛辣醬汁和山竹的甜味完美匹配 **4**糯米是伊善地區的主食 **5**最受歡迎的餐點是烤淡水魚。因為伊善地區不靠海，所以經常食用淡水魚

◆◆◆ 全天都只供應單點菜品。晚餐時段 19:00～21:00 特別多人，若預計週末前往建議訂位。

ZAO Ekkamai

將道地美味帶來曼谷

這家餐廳的宗旨在於提供各種伊
善的家庭風味，老闆本身就是伊
善人，餐廳也堅持使用伊善地區
生產的香料和香草，可以吃到許
多不常看到的稀奇料理。

素坤蔚路周邊 [MAP] P.162 F-2
☎063-246-9545　🏠155 Soi Pri
di Bonomyong 25 Sukhumvit 71
Rd.　⏰11:30 ～ 23:00　🏠週日
🚃自BTS伊卡邁站搭車5分鐘
[CARD] [泰語]

18:00

濃縮草本精華、堪稱極品的湯頭♡

大推!泰國東北地區的「東北小陶鍋」

喜歡吃火鍋的人,一定要嚐嚐看伊善地區的鄉土料理──東北小陶鍋(จิ้มจุ่ม／Jim Jum)。以下介紹在曼谷市中心就能輕鬆品嚐的人氣店家。

這樣算一套!

套組包含蔬菜盤與肉盤,肉盤以雞、豬、牛為大宗,但海鮮也很受歡迎

如何享用

Step 1
湯滾了之後放入蔬菜

鍋子端上桌後,先等高湯煮滾。湯滾後加入蔬菜和冬粉。

Step 2
放入肉片再次煮滾

將套餐附的生雞蛋打入肉盤,拌一拌後倒入鍋中。蓋上鍋蓋,待煮滾即可享用!

泰式豬肉涮涮鍋
230B

滿滿一盤新鮮蔬菜

IN THE NIGHT (18:00-21:00)

Baan Esan Muang Yos

提供多采多姿的伊善料理

素坤蔚街區的知名餐廳,以合理的價格供應東北小陶鍋與多種伊善料理。晚上10點過後客人特別多,建議事先訂位。

素坤蔚路周邊 **MAP** P.169 C-1

☎089-012-5750 🏠19/1 Sukhumvit 31 Rd. ◎16:00〜凌晨1:00 🈚無休 🚇自BTS澎蓬站步行12分鐘 **CARD** **英語**

鹽酥蝦
100B

其他推薦餐點!

將小蝦炸得酥酥脆脆後加鹽調味,適合配啤酒!

伊善香腸
110B

用豬肉與糯米製作的發酵香腸。些許酸味令人回味無窮

◆◆◆ 曼谷路邊也可以看到不少擺著棕色小圓鍋的東北小陶鍋攤販,在戶外吃得汗流浹背,也是泰國旅行的獨特體驗。

WHAT'S 東北小陶鍋？

使用生薑、檸檬香茅、檸檬葉等多種草本原料熬煮出湯頭，接著放進肉類和蔬菜烹煮後享用的火鍋。吃的時候可以搭配加了大量辣椒、蒜頭的醬汁。

蔬菜·香菇
塞滿鍋

趁熱享用
大呼過癮

選擇喜歡的配料！

這間店的火鍋和火鍋料是分開計費，火鍋 80B，火鍋料 20B 起，喜歡吃多少就點多少。火鍋料的分量都不多，可以多嘗幾種！

辛香筍絲沙拉
**Spicy Shredded
Bamboo Shoot Salad 50B**

筍絲沙拉也是伊善地區的名菜之一，帶有清新薄荷香氣

其他推薦餐點！

Jim Jum Suthiporn

價格實在的東北小陶鍋

這間東北小陶鍋專賣店位於大廈 1 樓，對面還有另外搭棚的座位。餐點價格相當實在，店內時常滿座。而且這間店一直營業到清晨，想吃宵夜時也可以過來。

拉差達週邊 MAP P.162 F-2
☎ 081-513-8027 🏠 797/82 Soi
Pracha Songkhro 2 ⏰ 17：00 ～
凌晨 4：00 📅 每月 5 號、20 號
MRT 帕藍 9 站搭車 5 分鐘 英語

大家知道冬蔭功
其實有2種嗎!?

差別在於有沒有加椰奶或鮮奶油。有加椰奶的稱作「冬蔭功濃湯」（Tom Yum Goong Nam Khon），不加椰奶的則稱作「冬蔭功清湯」（Tom Yum Goong Nam Sai）。前者在日本比較受歡迎。

BEST TIME

18:00

冬蔭功LOVER不能錯過的第一站！

一天不吃不對勁，每天都想喝一碗濃醇香的酸辣湯♡

Tom Yum Goong (Cream)
冬蔭功(鮮奶油)
290B

湯裡放了肥美明蝦。可以選擇濃湯（加鮮奶油）或清湯

Spot 1
昭披耶河岸的名店

店面緊鄰昭披耶河，可以欣賞到對岸的鄭王廟

Ka Lum Tod Nam Pla
魚露炒高麗菜 180B

想吃飯可以點這道

1

Khao Klook Ka Pi
蝦醬香米拌飯
220B

2

糯米糰子配著吃

3

Isan Steak Beef
伊善牛排
390B

1 招牌的魚露炒高麗菜 **2** 用蝦醬炒茉莉香米，拌著豬肉和青芒果吃 **3** 泡了醬汁的牛排

Supanniga Eating Room Tha Tien

泰國傳統器皿也值得關注

以現代風格詮釋泰國東部達叻和伊善地區的家常菜。屋頂座位景觀特別棒，可以眺望鄭王廟風光。東羅區和聖路易斯站附近也有分店。

大皇宮周邊 (MAP) P.163 B-3
☎ 092-253-9251
392/25-26 Maharaj Rd. ○ 11：00～22：00（週六、日10：00～）🔒無休 🚗自MRT 沙南猜站步行 6 分鐘
(CARD) (英語)

冬蔭功（泰式酸辣湯）充滿香菜、檸檬香茅、良薑、檸檬葉等多種草本植物和香料的濃郁香氣，並且酸、辣、甜兼具，這種獨一無二的甘醇口味，讓冬蔭功獲得了「泰國料理之王」的美名，甚至名列世界三大湯品之一。順帶一提，泰國人會用各種食材搭配這道湯，若用雞肉取代蝦子，便稱作冬蔭蓋（Tom Yum Gai）；用魚取代蝦子則稱作冬蔭普拉（Tom Yum Pla）。不過我個人認為，還是蝦子風味十足的冬蔭功最美味！雖然日本的泰國菜餐廳也可以吃到冬蔭功，但泰國當地加了更多新鮮香草、辛料，味道更有層次。現在就為大家介紹3間以美味冬蔭功聞名的餐廳。

Spot 2
考山路周邊
大排長龍的攤販

Tom Yum Kung
冬蔭功
150B

→ 放了好幾隻大蝦子！

這碗冬蔭功料多又濃郁，推薦像咖哩一樣淋在飯上吃

廚房飄出的香氣令人口水直流。店家的動作嬌捷，光看就是一種享受！

Mam Tom Yum Kung
主打各種海鮮的攤販
這個名稱冠上冬蔭功的攤販在店頭陳列了許多新鮮海產，其海鮮料理相當有名。
大皇宮周邊 MAP P.163 B-1
☎089-815-5531 🏠Soi Kraisi
⏰8：00～20：00 🔒週一
🚃自MRT三峰站搭車10分鐘 [英語]

Spot 3
名廚的祕傳食譜
人人搶著吃的冬蔭拉麵

Freshwater Prawn
新鮮河蝦
100B

也推薦吃一份炒麵

加了大量河蝦與蝦卵的冬蔭風味炒麵，麵條也是使用口味懷舊的油炸麵

Fried Noodles with Tom Yam Seafood
冬蔭海鮮炒麵
150B

1 放了整隻龍蝦的超豪邁冬蔭麵1500B **2** 用河蝦的蝦膏熬製濃郁湯頭，搭配大量河蝦、貽貝、魷魚等配料

名廚Aor姊

Pe Aor
名人主廚親自接待
本店的老闆是個在電視料理節目一炮而紅的料理人。店內掛著許多泰國明星來訪時拍下的照片。
暹羅站周邊 MAP P.162 E-2 ☎02-612-9013 🏠68、51 Phetchaburi Rd. ⏰10：00～21：00 🔒週一 🚃自BTS拉差裡威站步行7分鐘 [英語]

1 通常上午和晚上客人比較少 2 位於熱鬧的東羅區

Nail House Bangkok

市中心

粉色系美甲沙龍

這家指甲沙龍的裝潢採可愛的粉色系。若選購單色凝膠美甲，大約1小時就能完成。當地女性對這間店的美睫和腳底護理也讚譽有加。

素坤蔚路周邊 MAP P.168 E-1
☎097-2305301 🏠353 Soi 17 Sukhumvit 55 Rd. ⏲9:00～23:00(最後受理時間21:30) 🔒無休 🚗自BTS東羅站搭車3分鐘 CARD
預約方式 電話或LINE
URL nailhousebangkok.com

Price
Gel Nail 2 Color
凝膠指甲(2色)
499B
設計與顏色都很豐富
藝術美甲1指100B起!

IN THE NIGHT (18:00-21:00)

快速搞定！

民的美甲服務，妝點你的雙手

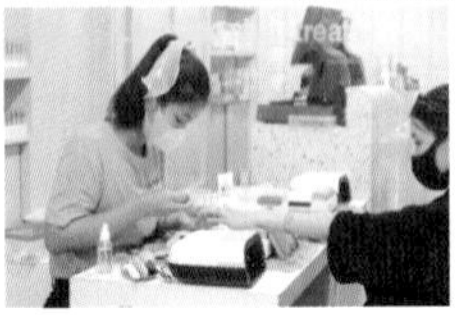

PRICE LIST

- Gel Nail 1 Color　凝膠美甲(1色)
…299B(下午1點後399B)
- Foot Gel 1 Color　足部凝膠美甲(1色)
…599B
- Foot Spa　足部SPA
…1299B(下午1點後1499B)
- Eye Lash　美睫
…999B(下午1點後1199B)

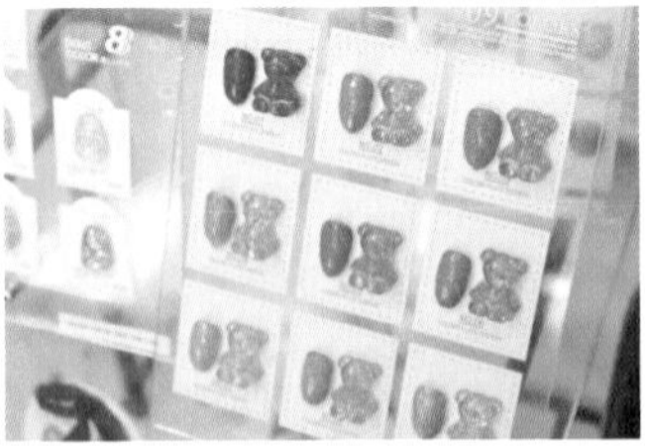

繽紛的美甲色彩與凝膠樣品

也推薦足部SPA

美睫服務很受歡迎!

趁晚上行程較鬆的時段快速美甲

曼谷有許多美甲沙龍，購物中心或車站附近都可以看到。許多曼谷女性下班後會到沙龍甲打理一下指甲，至於我們這些遊客，因為白天要忙著觀光和購物，所以我找了幾間營業到晚上的美甲沙龍，可以等一天行程結束後再過去一趟。通常美甲沙龍只要有空位都能直接上門，不過很多店家都可以透過網路或社群媒體帳號預約。即使語言不通，店家也會提供許多樣品，所以完全Mai Pen Rai（別擔心）♪

沒有預約也歡迎喔!

✦✦✦ Nail House Bangkok 目前展開無限期促銷期間！平時要價 1000B 的凝膠美甲服務，現在最低只需 299B(約 260 元)，超級划算。

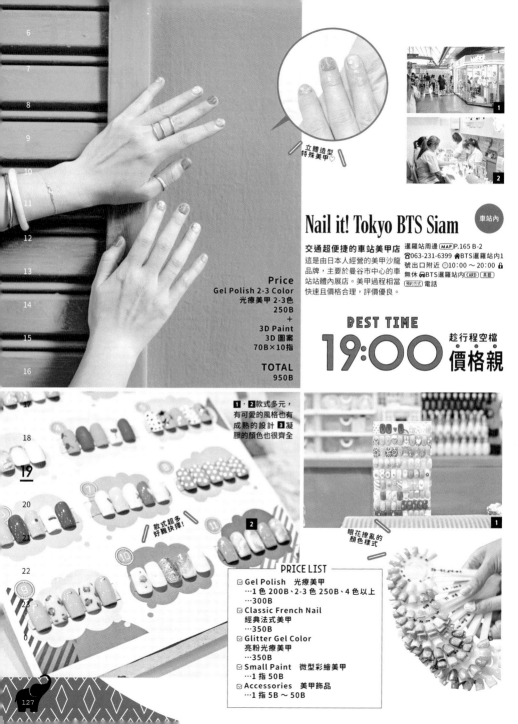

立體造型
特殊美甲♡

Nail it! Tokyo BTS Siam

車站內

交通超便捷的車站美甲店
這是由日本人經營的美甲沙龍品牌，主要於曼谷市中心的車站體內展店。美甲過程相當快速且價格合理，評價優良。

暹羅站周邊 (MAP) P.165 B-2
☎063-231-6399 ⊕BTS暹羅站內1號出口附近 ⊙10:00～20:00 ☖無休 ⊕BTS暹羅站內 (CARD) 英語
(預約方式) 電話

BEST TIME
19:00 趁行程空檔
價格親

Price
Gel Polish 2-3 Color
光療美甲 2-3色
250B
+
3D Paint
3D 圖案
70B×10指

TOTAL
950B

■・2款式多元，有可愛的風格也有成熟的設計 3凝膠的顏色也很齊全

款式超多
好難抉擇!

眼花撩亂的
顏色樣式

PRICE LIST

☑ **Gel Polish** 光療美甲
…1色 200B、2-3色 250B、4色以上
…300B

☑ **Classic French Nail**
經典法式美甲
…350B

☑ **Glitter Gel Color**
亮粉光療美甲
…350B

☑ **Small Paint** 微型彩繪美甲
…1指 50B

☑ **Accessories** 美甲飾品
…1指 5B～50B

IN THE NIGHT (18:00-21:00)

◢ 日落時分的
迷人景色！

1

於日落時分出發
欣賞魅力漸增的城市

曼谷夜間不容錯過的體驗
活動之一，就是搭乘郵輪，在
昭披耶河上盡情享受晚餐與夜
景。這裡介紹的郵輪行程是由
曼谷悅榕莊飯店所規劃，就和飯店餐
的環境深具魅力，就和飯店餐
廳一樣豪華。船艙部分一路延
伸至天花板的落地窗，將入夜
後點燈的鄭王廟等異國情調的
景致盡收無遺。晚餐菜色為飯
店廚師精心製作的現代泰國料
理套餐，餐後可以移動到屋頂
甲板，欣賞浪漫的夜景。

從暹羅天地
上船出發

1 可以看到河濱碼頭夜市的摩天輪 **2** 可以在船頂甲板酒吧飽覽開闊的景觀 **3** 船艙的大片落地窗 **4** 套餐共4道菜，包含前菜與甜點 **5** 上船後會先拿到迎賓飲料

Saffron Cruise

☎02-679-1200
（曼谷悅榕莊飯店）

還看得到鄭王廟

═══ CRUISE DATA ═══
Saffron Luxurious Dinner Cruise

時間 19:00 ～ 22:00（登船時間18:00） 費用 2850B
集合地點 暹羅天地2號碼頭 MAP P.170 E-4
服裝規定 Smart Casual 預約方式 網路或電話（需事前預約）
URL www.banyantree.com/thailand/bangkok/dining/saffron-cruise

啟航前先乾杯！

5 **3**

4 **2**

乘船流程

1 到碼頭集合
至暹羅天地前的碼頭集合，向工作人員出示憑證後等待登船時間到來。

2 上船
時間到了即可登船。上船後先前往船頂甲板的酒吧領取迎賓飲料。

3 移動
欣賞過風景後，工作人員會引導賓客前往堂皇富麗的船上餐廳。

4 享用晚餐
享用飯店主廚製作的泰國料理套餐。包括前菜、湯品、主菜、甜點共4道菜。

5 自由時間
餐後可以待在船艙放鬆，或到甲板上吹夜風。

6 航程結束
回到暹羅天地前的碼頭，活動結束。

19:00

一夜吃遍 10 種在地美食！

完整報導！搭乘嘟嘟車的美食之旅

Let's Go!

我參加的是

和導遊一起
擺POSE

用一個晚上嘗遍泰國知名料理！

想吃的東西太多，不知道從哪裡開始嗎？如果是這種情況，我會推薦各位參加美食導覽。有些導覽是搭巴士或騎自行車移動，但是提到最有泰國特色的交通工具，當然是嘟嘟車！在曼谷市內一路馳騁，吃遍各處美食，從必比登推介名店吃到伊善料理餐廳，就連小吃攤也不會錯過。還可以順道參觀花市和屋頂酒吧等知名觀光景點。這種導覽最棒的優點是每一站都不用等，到場即可享用美食，而且其中的一大特色，就是導遊還會仔細地為客人解說每一道菜，帶你深入了解泰國的飲食文化。接下來，筆者會完整介紹自己的親身經歷，帶大家一起體驗這趟大飽口福又心滿意足的美食之旅♪

坐上嘟嘟車，美食之旅 GO！

集合地點在
MRT山燕站

吃份甜點
換換口味

第一餐是必比登推介
名店的炒冬粉

攤販賣的芒果糯米飯。分量剛好不會太多！　　　加了大量蔬菜的泰國風味炒冬粉♪　　　人員到齊後立即出發！

♦♦♦ 導覽過程不用自己點餐，導遊準備什麼就吃什麼，所以不會講英文也完全沒問題！

下一站
唐人街

參加導覽的成員
和樂融融共進晚餐♪

抵達
伊善料理餐廳！

漫步大街，逛逛路旁一攤接著一攤的攤販

和世界各地的遊客共享晚餐

品嘗涼拌青木瓜絲、烤雞、辣拌肉爆等 5 道菜

挑戰蓮花手工藝♪

稍微逛一下花市

吃點一口分量的
攤販甜食

成品可以帶回家裝飾♡

前往泰國最大的 24 小時花市

我愛上椰子芋頭餅了！

潛入臨場感
十足的廚房！

現烤的
豬肉串♡

繼續接著吃！

最後一餐再到必比登推介餐廳

想再來 1 支也可以，但我只吃 1 支就不行了（笑）

經過烤肉攤，大口享用烤豬肉串

心靈和肚子
都滿足的笑容♡

到屋頂酒吧
喝杯雞尾酒收尾♪

最後一餐是
燜雞麵

用鄭王廟當背景拍照留念

終點是大皇宮區域的絕美景點

口感 Q 軟的米粉超好吃，下次一定再來。

目眩神迷的霓虹街區讓人興致高漲

考山路的夜間散步

霓虹燈熠熠生輝
渾沌而繁華的街道

考山路素有背包客天堂之稱，雖然這條街僅長約300公尺，不過各種商家應有盡有，包含餐廳、咖啡館、酒吧、按摩店。入夜後，店家陸續點起霓虹燈，攤販和露天店鋪也紛紛開張，氣氛一下子熱鬧了起來！晚餐後可以跑跑酒吧，或是到按摩店紓解一天的疲憊，也可以逛逛路邊攤。考山街是一座屬於夜晚的娛樂鬧區，通常從傍晚6點左右熱鬧至半夜12點左右。有些夜店和酒吧也會營業到凌晨3點左右。

來考山路必做的3件事

1 半夜到時髦酒吧喝酒！

Madame Musur

推薦面對馬路的露天座位
考山路旁的蘭布特里街也有許多時髦的酒吧，可以坐在露天座位悠哉享受美酒。此處介紹的酒吧裝潢優雅，雞尾酒價格每杯170B起。

大皇宮周邊 (MAP) P.163 B-1
☎02-281-4238 41 Soi Rambuttri 8:00～24:00 無休 MRT三峰站搭車10分鐘 (CARD)(英語)

3 攤販小吃&購物

巧克力香蕉煎餅 60B

這裡有很多賣甜點的攤販，吃完晚餐後可以再過來嘗嘗各式各樣的甜點！還能在攤商購買泰國花紋褲 150B 和提籃 500B 等商品。

2 價格便宜的腳底按摩

Charlie Khaosan
Thai Massage & Spa

躺進店內納涼一下♪

按摩店不必預約，隨時路過、隨時上門。泰式按摩和腳底按摩的價格都落在30 分鐘 150B 左右。

本頁背景照片是從 Bangkok View Rooftop Bar (MAP) P.163 B-1 拍攝。

考山路
Khao San Road

知名的背包客天堂

這裡有許多經濟實惠的青年旅舍，
適合長期居留。這一區因 2000 年
由李奧納多・狄卡皮歐主演的電影
《海灘》一炮而紅。

大皇宮周邊 **MAP** P.163 B-1
自MRT三峰站搭車10分鐘

22:00

好想每天都來按一按！

花點小錢按個摩，
將疲勞一掃而空

泰國不愧是按摩大國，到處都看得到按摩店。只要花點小錢，就能享受正宗按摩服務。

傳統泰式按摩
350B
（約310元）
／60分

HOW TO

需要預約嗎？
可以隨時上門。但如果想於特定時間到熱門店家按摩，事先預約才是明智的選擇。

貴重物品放哪裡？
大多情況下，隨身行李會放在一個籃子裡，擺在枕邊。如果還是不放心，貴重物品可以留在飯店。

小費行情多少？
一般行情為 50～100B。建議事先準備好現金，以便按摩結束後立即支付小費。

臥佛寺流派按摩法以伸展動作見長。這些宛如特技的手法讓人又痛又快，可以徹底放鬆全身上下。

1 一次最少 0 分鐘的腳 底按摩 200B 起 2 足底去 角質 150B。 讓你的腳底變 得光滑亮麗！

老廢角質 清得乾乾淨淨！

舒服的身體都被放鬆了~！

寬敞
近車站

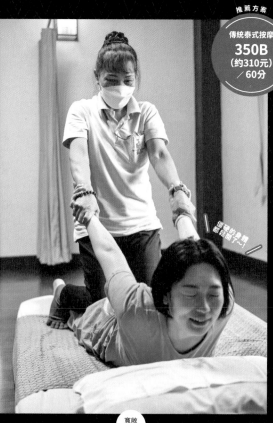

PO THAI MASSAGE

物美價廉的高水準按摩店！

這間按摩店的按摩師傅水準相當高，店內附設由泰國傳統按摩的總本山・臥佛寺開設的按摩教室。

素坤蔚路周邊 **MAP** P.169 C-2

☎02-261-0567

🏠1, 54-55 Soi Sukhumvit 39 ⏰9:00～21:00 🈳無休 🚇自BTS澎蓬站步行1分鐘

★★★ 因為還是有按摩師素質不佳的店舖，預約或上門前務必確認其他人的評價。

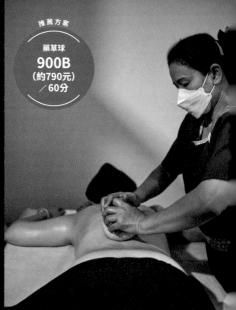

推薦方案

藥草球

900B
（約790元）
／60分

①藥草球和藥草茶使用的是自家農場栽種、不含農藥的藥草 ②
另售有 SPA 產品和果乾

at ease Sukhumvit 33/1

日語
可通

還有豐富的SPA療程

這個品牌於澎蓬地區有 3 間分
店，以細膩的服務和乾淨的環
境著稱。建議事先上網預約。
素坤蔚路周邊 [MAP]P.169 C-2 ☎061-682-2878 ♔Soi 33/1 Sukhumvit
Rd. ◷9:00～23:00 🔓無休 🚇自BTS澎蓬站步行3分鐘 [日語]

用棉布包住泰國藥草後蒸熱，再拿
來按壓身體

DE REST SPA

車站
直達

位置＆氣氛俱佳

提供傳統泰式按摩、瑞典式按摩等豐
富療程。還可以在包廂裡享受 SPA
療程。

暹羅站周邊 [MAP]P.164 D-2
☎02-652-0636 ♔518/3
Phloen Chit, Maneeya
Center North 3F ◷11:00～
23:00 🔓無休 🚇BTS奇隆站出
口直達

推薦方案

腳底按摩

690B
（約600元）
／60分

①可以雙人一起
接受 SPA 的情
侶包廂 ②享受腳
底按摩之餘還能
欣賞夜景

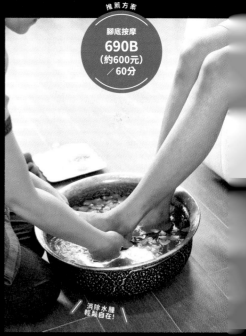

消除水腫
輕鬆自在！

魅惑人心的泰式甜點

雖然很多泰國菜都很辣，但泰國人其實也非常愛吃甜食。很多咖啡廳都營業到很晚，被想在夜裡享用甜點的人擠得滿滿的。

Steamed Bread with Coconut Egg Custard 70B

蒸麵包＆沾醬

蒸過的吐司軟綿綿又熱呼呼，搭配椰子口味的沾醬大快朵頤！

Tea with Milk 50B

富含奶油的吐司，淋上大～量的甜醬。第一口甜得嚇人，但愈吃愈過癮

Toast with Coconut Custard (Pandan)＋Chocolate＋Creamy＋Cornsoup 各30B

加了滿滿醬料的吐司

將香蕉葉做成容器的一口大椰奶布丁，泰語唸作「Khanom Tako」。搭配荔枝風味咖啡享用

Lychee Shakerato 120B

Thai Pudding with Coconut Topping 100B

泰式布丁

Premium Thai Durian 220B

起司蛋糕配上榴槤，滋味濃郁的蛋糕

榴槤起司蛋糕

IN THE **NIGHT** (18:00-21:00)

MONT NOMSOD Dinso Road

自製麵包大受歡迎

1964 年創業的老字號咖啡館，主打各種用自製麵包製作的甜點。另售有多款麵包和自家農場生產的牛奶。

大皇宮周邊 MAP P.163 C-2

☎02-224-1147

🏠160 1-3 Dinso Rd. ○14:00 ～ 23:00 🔒無休 🚇自MRT三峰站步行12分鐘 英語

Thongyoy Cafe

試試看泰國傳統甜品

時裝設計師經營的咖啡廳，將泰國傳統甜品做成西點的形式。擺滿人造花的店面也非常適合拍照打卡。

暹羅站周邊 MAP P.165 B-2

☎064-110-6561

🏠991 Rama I Rd. 暹羅百麗宮 GF ○10:00 ～ 22:00 🔒無休 🚇自BTS暹羅站步行1分鐘 CARD 英語

拍起照來
也滿分

DEST TIME
21:00

雖然時間不早了⋯⋯但還是好想吃！

甜美賣相、甜蜜滋味♡

店面擺著色彩繽紛的粉圓和蓮子等樣式豐富的配料

加了水椰果實和糖漿的刨冰。甜度自然，吃了也沒什麼罪惡感

**Nypa Palm and Krill
165B**

泰國素材刨冰

**Salim Tim Prao
50B**

粉圓＆
椰奶

**Strawberry
Buff-Yogurt 250B**

**Sago Cantaloupe
40B**

主角是以木薯粉包裹慈姑做成的清脆紅寶石（Thapthim krop）。底下還有香瓜和小珍珠

使用泰北產草莓製作刨冰糖漿。刨冰裡還藏著綿密的優格

CHENG SIM EI Dinso Road

知名連鎖傳統甜點店

這個深受男女老少喜愛的品牌，目前已經開了超過50間分店。提供各式各樣的傳統甜點，其中的招牌品項，是加了蜜蓮子和蓮藕等配料的刨冰。

大皇宮周邊 MAP P.163 C-2

☎094-078-8929 🏠212, 1 Dinso Rd. ⏰9:00〜23:00 🔒無休 🚇自MRT三峰站步行10分鐘 英菜

SAI SAI

使用嚴選有機食材

這家咖啡廳的老闆致力於推廣無農藥栽種作物。店裡也有賣一些適合當伴手禮的棕櫚糖和糕餅。

大皇宮周邊 MAP P.163 C-2

☎062-919-8555 🏠242, 244 Maha Chai Rd. ⏰12:00〜23:00 🔒無休 🚇自MRT三峰站步行10分鐘 CARD 英菜

來趟嘟嘟車美食之旅（P.130），欣賞洋
溢曼谷風情的夜景

AROUND

Mid-Night

22:00 - 24:00

曼谷的熱鬧夜晚,直到深夜也不會停息。
整座城市被霓虹燈點亮,充滿活力的夜市
也一直喧囂到午夜。想要欣賞曼谷夜景,
一定要到摩天大樓的屋頂酒吧,端著雞尾
酒,盡情享受熱帶夜晚的美好。

曼谷最熱鬧、最時髦的夜市！
夜市就是要逛JODD FAIRS♡

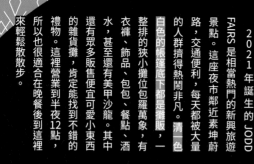

深受年輕人喜愛的
時髦攤販市集

2021 年誕生的 JODD FAIRS 是相當熱門的新興旅遊景點。這座夜市鄰近素坤蔚路，交通便利，每天都被大量的人群擠得熱鬧非凡。清一色白色的帳篷底下都是攤販，一整排的狹小攤位包羅萬象，有衣褲、飾品、包包、餐點、酒水，甚至還有美甲沙龍。其中還有眾多販售便宜可愛小東西的雜貨攤，肯定能找到不錯的禮物。這裡營業到半夜12點，所以也很適合在晚餐後到這裡來輕鬆散散步。

天然水果冰淇淋，2 球＋配料 50B

將酸辣醬料淋在豬排骨上的火山排骨 350B

水果冰沙超大一份

震撼力十足的芒果冰沙＆芒果糯米飯套餐 150B

尺寸迷你的耳環

925 純銀小耳環
1 件 39B、3 件 100B

適合在泰國街道上漫步的海灘拖鞋 159B

充滿南國風情的水果圖案襪，
1 雙 69B、2 雙 120B

好多東西看了都想買

小型寶石手鍊 250B 起。編織手提袋 350B

JODD FAIRS

曼谷最熱鬧的夜市

這座夜市於 2021 年開幕，結合了現代設計與在地熱情。所有攤位都是傍晚 6 點以後開始營業，通常晚上 8 點左右人潮最多。

拉差達周邊 MAP P.162 F-2
🏠Rama IX Rd. ⏰16:00～24:00
🔒無休 🚇自MRT帕藍9站步行5分鐘

還有這裡也不能錯過喔！

JODD FAIRS 經營團隊的另一個品牌 JODD FAIRS:DanNeramit 於 2023 年 4 月開幕，同樣是占地廣闊的市集。2024 年 4 月已更名為 Train Night Market DanNeramit。

Train Night Market DanNeramit

恰圖恰周邊 MAP P.162 F-1
🏠1408/30 Phahonyothin Rd.
⏰17:00～24:00 🔒週一～三
🚇自BTS叻拋五岔路口站步行6分鐘

唯有在曼谷，才能欣賞到如此斑斕炫目的都市風光

屋頂酒吧的夜景，
美得令人屏息

AROUND MID-NIGHT (22:00–24:00)

曼谷最知名的屋頂酒吧莫過於曼谷蓮花大飯店的 Sky Bar。位於地面高度 247 公尺處，比東京都廳還高，是全球最高的屋頂酒吧！

超乎期待的體驗
又驚又喜的超高景觀

曼谷的屋頂酒吧，因為成為好萊塢電影的拍攝場景而享譽全球，吸引了全世界的遊客。明明世界各地都有這種酒吧，為什麼曼谷的特別有名？原因就在於其壓倒性的魄力。由於泰國地震較少，建築法規相對寬鬆，因此建築物也能設計成在日本難以想像的驚奇風格。其中特別受歡迎的TICHUCA，價格較其他知名酒吧親民，而且並無特定的服儀規定，可以輕鬆享受。許多屋頂酒吧都會檢查遊客的護照，所以前往時記得帶上護照喔！

雞尾酒人氣
Best 3!

右起：Mojito 400B、Tropical Gin Passionfruit 400B、Yuzu Colada 480B

TICHUCA

發光的大樹奇幻至極！
這間酒吧採叢林風裝潢，模擬大樹的吧台、木椿和岩石造型座位都極富特色。這裡每天都大排長龍，建議事先上官方網站預約。

素坤蔚路周邊 (MAP) P.168 E-3 ☎065-878-5562 🏠Sukhumvit 40 Alley, T-One Building 8, 46F ⏰17:00～24:00 🈚無休 🚇自BTS東羅站步行5分鐘 (CARD) (英語)

24:00

嘴饞的時候就到便利商店♪

禁忌的深夜
便利商店甜點

便利商店可是
泰國零食的寶庫！

曼谷市內有許多日本的連鎖超商品牌，如7-11、Lawson、全家便利商店。大多店家販售的商品種類與日本差不多，例如糖果、即食食品、日用品，不過也有不少泰國才能看到的品項。

尤其是各種糖果餅乾和冰淇淋，對於時間緊迫的旅客來說，便利商店是能輕鬆嘗試各種泰國食品的好地方。泰國便利商店也是24小時營業，晚餐過後可以順道逛一逛，買些點心回飯店慢慢享用。

AROUND MID-NIGHT (22:00-24:00)

便利商店攻略♪

還可以休息!?
部分便利商店有提供內用座位。店內有冷氣，購物之餘也可以坐下來休息一下！

買得到咖啡
泰國便利商店也可以外帶咖啡，而且一杯的分量比日本多，價格則是50B左右，相當划算。

藥妝豐富
泰國的便利商店有個特色，就是會販售很多單次用量的藥妝，例如防曬乳、驅蟲藥、營養補給品。

日用品齊全
牙刷、袖珍包面紙、洗髮精等旅行必備用品一應俱全，有不少產品都是出自泰國當地廠牌。

大型店家還有豐富的藥妝商品

LAWSON

LAWSON 108

24小時營業♪

泰國的自來水不能直接飲用。便利商店的礦泉水500ml的價格約10B，比日本便宜。

購物 LIST

泰式甜點

用椰奶和慈姑果肉製成的泰式布丁
27B

椰子食品

加了椰奶、椰肉和玉米的甜點 20B

芋頭食品

加了椰奶、椰肉和芋頭的甜點 22B

冰品

外層裹著巧克力的鳳梨、柳橙、草
莓冰棒 15B

奶酪

百香果風味的奶酪 22B

冰品

靜岡綠茶口味的冰淇淋大福 20B

泰國茶

又 Q 又甜的珍珠泰奶 1

零食

帶點柚子香氣的龍蝦風味

水果

也有袋裝水果。柚子 50
波羅蜜等品項

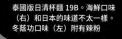

泰國版日清杯麵 19B。海鮮口味
（右）和日本的味道不太一樣。
冬蔭功口味（左）附有辣粉

宵夜好選擇
泰國限定杯麵 ♡

SEVEN-ELEVEN

Thong Smith EmQuartier

位於購物中心的餐廳樓層

用高級食材製作在地名菜「船麵」。
前菜可選烤肉丸串 119B 等附餐。點餐採填單方式。

素坤蔚路路周邊 **MAP** P.169 C-2
☎02-003-6226
🏠693 Sukhunvit Rd. EmQuartier 7F
🕙10:00~22:00
❌無休
🚇自BTS澎蓬站步行1分鐘 英麵

豬肉船麵
Pork Boat Noodle
179B(3種配料)

還有豬肉版

配料包含滷豬肉、豬肉片、肉丸共 3 種

一定要吃吃看泰國船上麵！

牛肉船麵
Beef Boat Noodle
279B(5種配料)

Kuaytiaw Rua
ก๋วยเตี๋ยวเรือ
船麵

由於這道麵食過去是在運河的船上販賣，故稱「船麵」。加了豬血的深色湯頭特色十足。

牛肉

配料全部加進去!?

澳洲和牛、牛舌、肉丸全部都加進去！

普吉島名菜

咖哩 with 米粉

Sen m Mii Nam Ya Puu
เส้นหมี่น้ำยาปู
椰奶咖哩蟹米粉

普吉島當地會將細細的米粉，加入含椰奶的咖哩吃。

還加了大螃蟹

米粉很長 這樣

Prai Raya

南泰料理餐廳

老闆 Prai 本身就是普吉島人。餐廳開在一棟殖民地風格建築內，主打普吉島特色料理。特別推薦滷豬肉 350B。

素坤蔚路路周邊 **MAP** P.169 A-1
☎091-878-9959
🏠59 Sukhumvit 8 Rd.
🕙11:00~22:30 ❌無休
🚇自BTS那那站步行6分鐘 英麵

可愛的洋房館♡

泰語念作「Gaeng Pu Bai Cha Plu Sen Mae」

蟹肉米粉椰奶黃咖哩
Fresh Crab Meat with Yellow Curry and Coconut Milk Sewed with Noodle 400B

前菜是蒸蔬菜配蝦乾蘸醬 280B

大分量蔬菜

比較2間粿汁名店的味道!

Guay Jub ก๋วยจั๊บ 粿汁

粿汁就是捲起來的平板型米麵條,一般會搭配豬肉清湯或高勞(豬下水湯)。

捲起來的粿條

少比登推薦名店

額外添加配料♪
水煮蛋和油條

湯頭充滿胡椒香,以分量來說算輕食,有大碗和小碗可選。

粿汁+蛋+油條
Rolled Rice Noodle Soup + Egg + Patongo
80B

Guay Jub Ouan Pochana

米其林必比登推介名店

唐人街耀華力路上排隊人潮不斷的名店。粿汁本身配料單純,可以額外加水煮蛋和小塊油條。

唐人街 (MAP) P.170 D-1
☎061-782-4223
🏠408 Yaowarat Rd.
🕐11:00～24:00 🚫週一
🚇MRT龍蓮寺站步行4分鐘 [英語]

多多人!不過
看翻桌速度很快

誰愛吃
炸不完

金黃酥脆
豬胸
肉

客人多到
拉不完

將風乾豬肉炸得酥脆的脆皮豬肉也很受歡迎

湯頭清爽,特色是加了豬肉、豬下水和脆皮豬肉等配料。

粿汁
Roll Noodles Soup
70B

陳億粿條
Nai Ek Roll Noodles

一戰成名的極品脆皮豬肉!

1960年創業,除了湯頭清爽的粿汁,還有豬血湯、脆皮豬肉等餐點。所有用豬肉做的餐點都備受讚譽。

唐人街 (MAP) P.170 E-1
☎02-226-4651
🏠442 soi 9 Yaowarat Rd.
🕐8:00～24:00 🚫無休
🚇自MRT龍蓮寺站步行4分鐘 [英語]

端出粿汁古月椒好過癮~

加了豬肉

店面位於耀華力路

---

⑦ Guay Jub Yuan ก๋วยจั๊บญวน 越式粿汁

泰國東北部深受越南文化影響,當地人吃的粿汁也帶有越南風情。越式粿汁的特點是麵條Q彈,湯頭清爽。

越南風拉麵

SIDE MENU

越式粿汁
Vietnamese Noodle
70B

附餐來份包著冬粉的炸春捲60B

Khun Dang Guay Jub Yuan

伊善地區的粿汁

這家店以美味的越式粿汁聞名。最普通的越式粿汁只要60B,價格實惠。加蛋加10B。

大皇宮周邊 (MAP) P.163 B-1
☎085-246-0111
🏠68-70 Phra Athit Rd.
🕐9:30～20:30 🚫無休
🚇自MRT三峰站搭車10分鐘 [英語]

胡椒味嗆辣的熱湯,搭配加了木薯粉、嚼勁十足的粿條

綠色的店面

Q彈Q彈的麵

NIGHT TIPS

鄭王廟
Wat Arun

寺院

鄭王廟依傍著昭披耶河，黃昏至入夜後，會變得比白天時更美麗。傍晚後鄭王廟便不再開放遊客入內參觀，可以改從對岸的餐廳或其他地方眺望欣賞。P▶020

©泰國觀光局

©泰國觀光局

夜景

วิวกลางคืน

晚上點燈後
迷人無比的景點

曼谷入夜後，鬧區的霓虹燈光彩奪目，寺院也被燈光照耀，無處不見美麗的夜景。舉凡營業至深夜的購物中心、屋頂酒吧，好玩的地方多的是，保證每天都能玩到半夜！不過回程時要格外小心，建議搭乘計程車，或選擇行人比較多的路。也可以找看看飯店周邊的觀景地點。

飯店
酒吧

The Bamboo Bar

五星級飯店曼谷文華東方酒店的爵士酒吧。於 1953 年開業，曾入選「亞洲 50 大酒吧」的 Top 10。
昭披耶河周邊 MAP P.170 E-4

夜市
©泰國觀光局

河濱碼頭夜市
Asiatique The Riverfront

昭披耶河岸邊的巨大商場，攤商數量超過 1500 家，還有摩天輪等娛樂設施。營業至半夜 12 點。
昭披耶河周邊 MAP P.162 D-3

大街

唐人街
Chinatown

唐人街最熱鬧的耀華力路，入夜後搖身一變，點起盞盞霓虹燈，充滿異國情調。到了傍晚也陸陸續續有攤販開始營業，漸漸熱鬧起來。P▶052

酒水

เหล้า

特定日子不能喝酒！
特定時段也不能買酒！

泰國規定佛教節日和選舉日為禁酒日。餐飲店家和便利店、超市在這些時間都禁售酒水。此外，11：00 ～ 14：00、17：00 ～ 24：00 以外的時段也禁止提供與販售酒水。

店內天花板高挑，拱門設計美觀。無論坐在包廂或露天座位，拍起來都好看

Prai Raya
P▶146

宅邸餐廳

สถาปัตยกรรม

坐在殖民地風格建築裡
優雅地享用晚餐

人在曼谷，卻感覺置身泰國南部。走進普吉島隨處可見的中葡式建築（Sino-Portuguese Style），品嘗普吉島特色美食。

© 泰國觀光局

夜市

ตลาดไนท์

曼谷夜市有夠多
豐富內容逛不完！

以繽紛帳篷聞名的拉差達火車夜市停業後，2022 年於同一地點開了這座新的夜市。通道規劃得比過去還寬敞，逛起來更舒服。

The One Ratchada

拉差達周邊 (MAP) P.162 F-2
🏠Din Daeng, Esplanade後面
🕐17:00～24:00 🈚無休
🚇自MRT泰國文化中心站步行3分鐘

塞車

รถติด

避開交通車潮最密集的時段！

曼谷路上的行車數量驚人，市中心交通阻塞的狀況相當嚴重。大馬路全天候擁有大量車潮，上班上學時間的 7:00～9:00 和回家時間的 17:00～19:00 更是高峰期。如果這個時候搭計程車，可能得多花上 2～3 倍的時間！

深夜時段比較暢通

河岸景點

รเวอร์ไซด์

坐在河岸露天雅座吃晚餐

氣溫稍微降低，空氣比較涼爽的傍晚時分，適合坐在餐廳的露天座位用餐。我推薦曼谷文華東方酒店的「Riverside Terrace」，可以飽覽向晚美景，體驗名媛生活。

Riverside Terrace

昭披耶河周邊 (MAP) P.170 E-4
☎02-659-9000 🏠48 Oriental Avenue, 曼谷文華東方酒店內 🕐18:30～22:30 ※淡季暫停營業(預計2023年11月重新開幕) 🈺週日～三 🚇自BTS沙潘塔克辛站搭車5分鐘

小費

ทิป

在泰國消費
需不需要給小費？

泰國有小費文化，按摩和SPA 的小費大約是療程費用的10%。至於在地餐館或帳單上已經包含服務費的餐廳則不需要另外給小費。

超市

ซุปเปอร์มาร์เก็ต

午餐不小心吃太多時
晚餐可以到超市簡單吃

午餐吃得太飽，到晚上還吃不下的時候，最適合到高級超市或 Gourmet Market（P.90）的外帶沙拉自助吧簡單吃點東西。

宵夜

อาหารค่ำ

想來點輕鬆的宵夜，
麵食會是最佳選擇

泰國人一餐吃得少，但相對地一天下來會吃好幾次點心和水果。泰國的麵食分量也不多，嘴饞時來一碗也沒有負擔。尤其推薦口味清淡的「釀豆腐」！

Naiuan Yentafo

大皇宮周邊 (MAP) P.163 C-2
☎02-622-0701 🏠41 Soi Nawa
🕐9:00～20:00 🈚無休
🚇自MRT三峰站步行12分鐘

釀豆腐 70B

値得一住的理由！

THE HOTEL GUIDE

曼谷最新飯店導覽

REASON 02 好想從高聳的78樓一覽曼谷夜景！

位於王權瑪哈納功大廈頂樓的「瑪哈納功天空步道」是泰國最高的觀景台。訂房即可獲得價值 880B 的觀景台入場券。

REASON 01 所有角落都設計得精美無瑕

邀請西班牙藝術家操刀設計，連入口和電梯也值得拍照留念。

導入傳統的裝潢擺設相當引人注目

REASON 04 不能不吃！極具標誌性的美食商家

飯店內有曼谷時下最熱門的店家，包含具 1920 年代維也納風情的「Tease」茶室等 7 間有趣的餐飲商家。

REASON 03 可以在堪稱空中綠洲的泳池邊放鬆！

6 樓有充滿綠意的戶外泳池和健身中心，泳池邊還有酒吧。

調和現代與復古元素的最新五星級飯店

最近幾年，曼谷陸續出現許多高檔飯店，令得在飯店過件罪也成了旅遊的目的之一。

瑪哈納功標準酒店位於高達 314 m 的曼谷第二高樓，大廳裝飾著色彩繽紛的藝術品和古董，內部餐廳宛如紐約餐館，客房以曲線設計勾勒出復古風格⋯⋯世紀中現代主義和亞洲風情合一的種種設計，能大幅提升旅遊興致。

2022 年 7 月開幕

曼谷瑪哈納功標準酒店

The Standard, Bangkok Mahanakhon

進羅站周邊 MAP P.167 B-3
☎02-085-8888 114 Narath iwas Rd. IN 15:00・OUT 12:00
1晚1房8200B〜 155間
自BTS鐘那席站步行5分鐘
CARD 英語

1
2

1 內部餐廳「The Standard Grill」的酒吧區 **2** 客房的曲線設計令人印象深刻。全館共有 8 種房型，寬敞度從 40 ㎡ 到 144 ㎡ 不等。

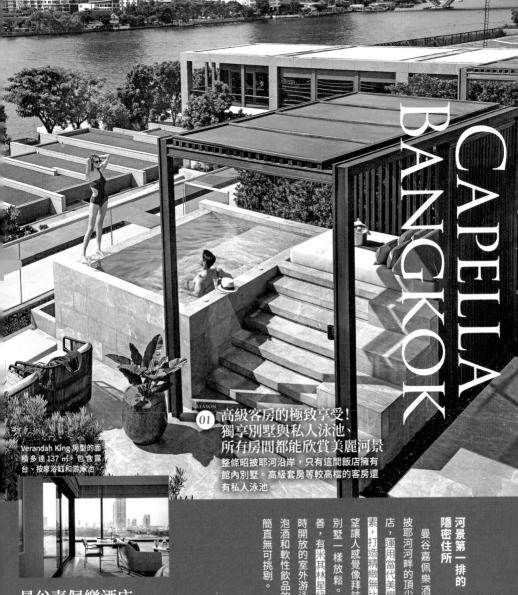

CAPELLA BANGKOK

Verandah King 房型的面積多達 137 ㎡，包含露台、按摩浴缸和游泳池

REASON 01

高級客房的極致享受！
獨享別墅與私人泳池、
所有房間都能欣賞美麗河景

整條昭披耶河沿岸，只有這間飯店擁有館內別墅。高級套房等較高檔的客房還有私人泳池。

河景第一排的隱密住所

曼谷嘉佩樂酒店是位於昭披耶河畔的頂尖都市精品飯店，運用當代美學呈現華泰國元素，打造精緻無比的空間，希望讓人感覺像拜訪泰國朋友的別墅一樣放鬆。飯店設施完善，有米其林星級餐廳、24小時開放的室外游泳池，提供氣泡酒和軟性飲品的起居空間，簡直無可挑剔。

曼谷嘉佩樂酒店
Capella Bangkok

昭披耶河周邊 MAP P.162 E-2 ☎02-098-3888
🏠300/2 Charoenkrung Rd. ⏰IN 15：00、OUT 12：00 💰1晚1房2萬2500B～ 🛏101間 🚃自BTS沙潘克辛站步行10分鐘 CARD 英語

REASON
02

米其林星級餐廳
提供至高無上的
美食饗宴♡

「Côte」是一間米其林一
星級地中海料理餐廳，以現
代手法重構法國和義大利傳
統料理。

REASON
03

在宛如藝廊的館內
來場穿梭藝術品之間的探險

公共區域空間展示著當地藝術家的作
品，運用織品等各種材料來表現泰國
歷史文化。

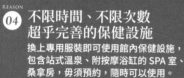

REASON
04

不限時間、不限次數
超乎完善的保健設施

換上專用服裝即可使用館內保健設施，
包含站式溫泉、附按摩浴缸的 SPA 室、
桑拿房，毋須預約，隨時可以使用。

大廳裝潢結合古典
與現代風格，如靈
感取自泰國傳統絲
織品圖案的遮陽簾

REASON
01
在河畔露台享受
恢意無比的早餐時光！

到河畔露台享用早點。晨光照耀水面，帶來清新宜人的晨間時光。

REASON
02
盡情體驗渡假勝地風情
在被熱帶綠意環抱的泳池畔

熱帶植物圍著泳池，宛如城市裡的綠洲，調劑身心效果滿分。

REASON
03
宛如城堡的休憩空間
讓下午茶嘗起來
美味至極♡

Authors' Lounge 供應季節款和經典款共 2 種下午茶（每種 1650B）。

REASON
04
窩在復古摩登設計的
別緻客房內
獨享窗外河景

全館 331 間客房都是河景房，並採用泰國絲綢大王金‧湯普森的絲綢裝飾。

2020 年
全面翻新！
令人陶醉的燦麗裝潢

大廳所在的河翼樓經過為期
9 個月左右的裝修，升級成
更加美麗的空間，保證令人
心神飛揚。

MANDARIN ORIENTAL, BANGKOK

曼谷歷史最悠久的
名牌奢華飯店

曼谷文華東方酒店是曼谷
歷史最悠久的豪華飯店之一，
150 年前於昭披耶河畔開
幕。飯店在 2019 年斥資
9 千萬美元翻新了全館最大的
河翼樓（River Wing）。內部
滿是泰國特色的雕刻設計和綴
綢裝飾，高雅而華麗就是這裡
的特徵。館內設施也具備了多
采多姿的魅力，包含曼谷最古
老的爵士酒吧和位於對岸的高
級 SPA 等，共同營造頂級
飯店住宿體驗。

曼谷文華
東方酒店
Mandarin Oriental,Bangkok

昭披耶河周邊 MAP P.170 E-4
☎02-659-9000 🏠48 Oriental Avenue ⏱IN 15：
00・OUT 12：00 💰1晚1房1萬9500B～ 🛏331間
🚗自BTS沙潘塔克辛站搭車5分鐘

BA HAO RESIDENCE

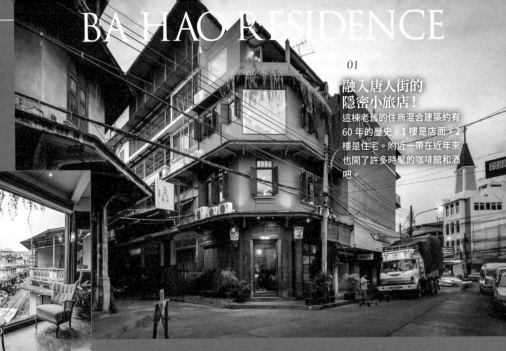

融入唐人街的隱密小旅店！

這棟老舊的住商混合建築約有60年的歷史，1樓是店面，2樓是住宅。附近一帶在近年來也開了許多時髦的咖啡館和酒吧。

酒吧樓上的Airbnb

模擬1970年代唐人街氛圍的中式風格酒吧 Bar Hao（八號）1樓上，有一間生活感十足的熱門民宿。2樓是公共客廳，3樓的房間為擁有超大落地窗的套房，4樓的房間則擁有可以遠眺金佛寺的陽台。無論住在哪間房，都可以在居住期間融入當地市井的生活氛圍，體驗唐人街居民的生活。

02 宛如移居當地的獨特住宿體驗♪

公共客廳有冰箱、咖啡機，也備有麵包、穀麥片、水果和飲料。

Ba Hao Residence

唐人街 MAP P.170 F-1
☎062-464-5468 🏠8 Soi Nana Mitrichit Rd.
◉IN 14：00、OUT 12：00 💰1晚1房3500B
～ 🛏2間 🚇自MRT龍蓮寺站／華藍蓬站步行8分鐘 CARD 英語

03 晚上還可以直接前往1樓的酒吧！

酒吧提供中國茶和各種雞尾酒，食物多為中國傳統小吃和街頭美食。

JOSH HOTEL

01 旅宿的復古風裝潢令人
沉浸於往日情懷的氣氛之中
客房配色內斂，簡約卻又不失趣味，
令人相當放鬆。

04 暗藏玩心機關、
令人驚喜的酒吧
味道氣氛都是一流
領取專用鑰匙，打開暗
門，門後就是一座時髦的
酒吧。調酒味道非常有水
準！

03 宛如美國的
汽車旅館泳池
總之先拍照再說！
館內的泳池相當上鏡，連
雜誌也曾前來取景。在這
裡可以拍下許多質感復古
的照片。

02 環境舒服到不行的咖啡廳
早餐豐富、分量也多
1樓咖啡廳供應的早餐可以選擇西式或泰式，推薦坐在
泳池邊的露天座位。

JOSH HOTEL

阿黎區 MAP P.162 E-1
☎02-102-4999 📍19/2 Phaholyo
thin Rd. ⏰IN 14：00~OUT 12：00 💰
1晚1房1400B~ 🛏71間 🚇自BTS阿黎
站步行12分鐘

價格實惠的
生活風格旅館

這間於2018年開幕的
旅館，位於曼谷的文化潮流中
心阿黎區。旅館自許要成為
「提振社區活力的據點」，內
有咖啡館和酒吧，也於附近經
營餐酒館和甜甜圈店。這間旅
館最大的魅力在於那宛如美國
汽車旅館的復古時尚設計，住
宿費用也很親民，非常適合長
期旅居。因此不僅受到國內外
旅客的青睞，也成為在地年輕
人喜愛的住宿選擇。

Q. 入境泰國前需要做好哪些準備？

A2. 申辦網路

● 租借隨身Wi-Fi機

出發前可以上網預約，出發當天於機場領取。費用視使用天數和單日提供流量而定。

● 購買國際漫遊SIM卡

抵達當地後，換上事先買好的國際漫遊 SIM 卡即可直接使用網路。也可以於當地機場購買 SIM 卡，如果設備支援 eSIM 則會方便許多，只需開通國際漫遊方案即可立即使用。

A4. 蒐集當地資訊

● 將好用網站加入我的最愛

入境相關資訊可見「外交部領事事務局」、觀光資訊可見「泰國觀光局」的網站。想去的地點可以用 Google Maps 儲存。

● 下載應用程式

在出國之前可以預先用手機下載叫車 app「Grab」（P.61、159），支付方式還可以綁定信用卡。泰國的餐廳訂位 app「Hungry Hub」（P.96）不只提供訂位功能，還有優惠券可以領，非常划算！

A1. 確認護照有效期限

● 剩餘效期6個月以上

首先要確認護照的有效期限，剩餘效期至少要 6 個月以上（含入境日期）。若不滿 6 個月，請務必更新護照。

● 停留30日以內不需要簽證

停留 30 日以內的短期觀光不需要申請簽證（需持有回程或前往他國的機票）。非旅遊目的則需要根據目的申請對應的簽證。

A3. 準備好電子設備

● 準備轉接頭

泰國的插座有 A、B、C 三種類型。如果是 A 類型，可以直接使用兩腳的插頭；如果是 B、C 類型，則需要準備轉接頭。一般五金生活百貨就能買到轉接頭。

● 不一定要準備變壓器

泰國的電壓為220V。台灣的電壓為110V，通常需要變壓器，不過現在的智慧型手機、充電器、數位相機、筆記型電腦大多都支援 100～240V，所以可以直接使用。至於其他家電請詳閱產品說明。

Q. 如何從機場前往曼谷市中心？

A2. 最方便的跳錶計程車

素萬那普機場 1 樓的 4～7 號出口為乘車處。先到自動取票機領取乘車券，接著前往票上標示的車道候車。費用部分，除了跳錶計費，還包含 50B 的機場接送費與 25B 起跳的高速公路通行費。

(費用) 300～400B左右(至MRT素坤蔚站周邊)
(費時) 30分鐘～1小時

A4. 令人安心的接駁計程車

至素萬那普機場 2 樓的「AOT LIMOUSINE」售票處，指定目的地並請人安排車輛。採事前結帳制，費率固定，總價視目的地和車型而定。也可以事先於官方網站預約。

(URL) www.aot-limousine.com/
(費用) 1050B ～(至MRT素坤蔚站周邊)
(費時) 30分鐘～1小時

A1. 曼谷有2座機場

一座是較主要的素萬那普國際機場（Suvarnabhumi Airport，BKK），另一座是低成本航空公司較常起降的廊曼國際機場（Don Mueang Airport，DMK）。從台灣出發的大多數航班都可以直飛素萬那普機場。

A3. 搭火車比較便宜

從素萬那普機場可以搭乘「曼谷機場快線」（Airport Rail Link）前往曼谷市中心的 BTS 帕亞泰站，不用擔心交通壅塞。月台位於機場地下 1 樓。

(費用) 至MRT素坤蔚站周邊35B
(費時) 約30分鐘

Q. 曼谷市內有哪些交通工具？

A3. 昭披耶河的客輪

沿著昭披耶河運行的「昭披耶快捷遊船」（Chao Phraya Express Boat）有 4 條航線，每條航線的停靠站都不同，稍嫌複雜，不過只要於碼頭告訴工作人員你的目的地，對方就會指示你要搭哪一班。船班營運時間大約是早上 6 點 30 分～傍晚 6 點 30 分，票價落在 14～33B。

其他船種

● 昭披耶河觀光船 Chao Phraya Tourist Boat
附英語導覽、方便觀光客利用的交通船。單程票 30B，一日通票 150B。

● 渡輪
想要前往河川對岸時可以搭乘這項交通工具。昭披耶快捷遊船的碼頭附近就有渡輪的碼頭，單程票價約 4～5B。

A4. 中長距離移動建議搭計程車

具備空調、舒適的交通方式。按錶計費，起程運費（1km）35B。通常可以直接在路上攔車，不必特地跑到招呼站，但缺點是容易受交通狀況影響，有時候司機也會拒絕載客。

A5. 時間充沛的話可以搭市內公車

當地人短距離移動時經常搭乘公車，不過當地公車沒有時刻表，不知道公車什麼時候會到站，所以趕時間的人比較不適合。如果想要悠閒體驗當地風情，不妨試試看。票價 8B 起。
[搭乘方式請參閱 P.61]

A6. 也可以參考其他交通工具

● 嘟嘟車
類似計程車的電動三輪車，和路邊等待乘客的司機議價後上車。費用比計程車稍貴。

色彩鮮艷的嘟嘟車

● 計程機車
這些司機會穿著有色背心，需自行議價，因此有時司機可能會拉抬價格。如果覺得費用太高，可以再找其他司機。費用比計程車便宜。

A1. 最推薦搭乘電車

BTS

穿梭於曼谷市中心的高架鐵路，目前已開通素坤蔚線、席隆線和金線等 3 條路線，自早上 5 點 30 分運行至晚上 12 點左右，每 3～8 分鐘一班。

票券種類

● 單程票 Single Journey Ticket
每次搭車時購買的票卡，價格根據距離計算，落在 17～47B，購買後的有效時間為 2 小時。出站時投入驗票閘門回收。

● 一日通票 One Day Pass
一天之內不限搭車次數的票卡，僅於購買日或首次乘車當日有效。150B。

● 兔子卡 Rabbit Card
首次購買時需支付 100B 手續費的儲值式票卡，可以省去每次搭車都要購票的麻煩。最低儲值金額為 100B。購買時可能需要出示護照。

MRT

環繞曼谷市中心的藍線（環狀線）會前往大皇宮和唐人街方向，非常便利。從早上 5 點 30 分運行至晚上 12 點左右，每 5～10 分鐘一班。

票券種類

車票代幣

● 單程票 Single Journey Ticket
每次乘車前購買的代幣，進站時須放在閘門上感應。價格根據距離計算，落在 17～72B。出站時投入閘門回收。

● 儲值式票卡 MRT Card
發卡費 30B，押金 50B，首次儲值 100B，總計 180B。可以在車站內的售票處辦理發卡和儲值。
[搭乘方式請參閱 P.61]

A2. 機動性十足的 Grab

出國前可以先下載叫車 app「Grab」，綁定信用卡，使用時就不必另外準備現金。乘車費率固定，不需要與司機討價還價，有時候也比計程車便宜。車種還可以選擇摩托車，在交通高峰時段，能比汽車更快抵達目的地。

司機也會借你安全帽

Q. 關於金錢的疑難雜症！

A2. 建議到街上的換幣所

通常於當地換匯比較划算。曼谷市區的車站附近就有換幣所，據說匯率最好的業者是「Superrich」（P.33）。市區換幣所的匯率通常優於機場，若有需要在機場兌換，建議兌換最少限度即可。換匯時需要出示護照。

A3. 泰國消費仍然以現金為主流

雖然泰國的飯店、高級餐廳和購物中心可以刷信用卡，但是在地小吃店、禮品店、咖啡廳等小本生意的商家通常只接受現金。雖然有些店家也採用了電子支付系統，但對遊客來說較不方便，還是建議多準備一些現金。

A4. 滿足條件即可退還增值稅(VAT)

泰國的增值稅（VAT）制度類似日本的消費稅，若遊客在標示「VAT REFUND FOR TOURIST」的商家單筆消費金額滿2000B以上，回國前即可於機場辦理退還7%的稅額。

A1. 匯率為1B＝約新台幣0.9元

泰國的貨幣是泰銖（B）。紙鈔面額分成 1000B、500B、100B、50B、20B，硬幣則有 10B、5B、1B。最常用的是 100B 以下的貨幣，若使用 1000B 之類的大鈔，有些店家可能不夠找零，所以建議在願意收大鈔的地方換小鈔。泰國另有發行輔幣「撒丹幣」（50S、20S），但流通度不高。

> 1B＝約新台幣 0.9 元　　100 元＝約 114B
> （※2024 年 4 月）

退稅條件

- 非泰國公民的旅客
- 在泰國滯留未滿 180 天
- 從曼谷、清邁、普吉、合艾 4 座城市的國際機場搭乘班機離開泰國
- 於商品購入日算起 60 天內由本人辦理

Q. 碰上意外怎麼辦？

A3. 別忘了投保海外旅遊險

出國前上網申請海外旅行相關保險，出國在外更安心。萬一物品遭盜、遺失或發生事故，至少還能獲得理賠。許多信用卡也自動附帶海外旅遊險，記得確認理賠內容。

● 遺失護照

先向警方或觀光警察申請盜竊或遺失報案證明文件。接著至駐泰國台北經濟文化辦事處辦理補發，或申請「入國證明書」持返返國。

● 遺失信用卡

立即聯繫發卡公司，辦理停卡。必要時向警察報案並取得盜竊或遺失報案證明文件。

● 現金或貴重物品遭竊

向警察或觀光警察申請盜竊或遺失報案證明文件，然後聯絡保險公司。回國後或許有機會獲得理賠。

A1. 確認緊急聯絡電話

旅途中若物品不幸遭竊、遺失，或遭逢事故，可洽 24 小時提供英語服務的觀光警察。若為受傷或突發疾病，請參考以下資訊。

> 泰國觀光警察 ☎1155
> 警察 ☎191
> 駐泰國台北經濟文化辦事處
> ☎081-6664006
> 急難救助Line帳號：
> Taiwan119

A2. 生病或受傷時，先通知飯店

在當地生病時，先與飯店工作人員聯繫。曼谷有些醫院也有提供中文服務。

> 曼谷醫院 (Bangkok Hospital)
> ☎ 02-310-3257
> 三美泰素坤蔚醫院
> (Samitivej Sukhumvit Hospitals)
> ☎ 02-022-2222

關於治安

曼谷的治安並不差，但夜間獨自走在路上，或人煙稀少的小巷時仍需提高警覺。即使在人多的地方也可能遇到扒手或搶劫，記得行李不離身，並避免攜帶大量現金或貴重物品。

曼谷市中心的主要運輸路線圖

※ 在本書日文版原書出版後，曼谷仍有多條大眾運輸路線正在興建中，例如未收錄於本圖的MRT粉紅線已於2024年1月通車等，相關交通運輸情況及資訊也會隨之變動。建議於規畫行程或出發前至相關網站進行確認最新狀況。

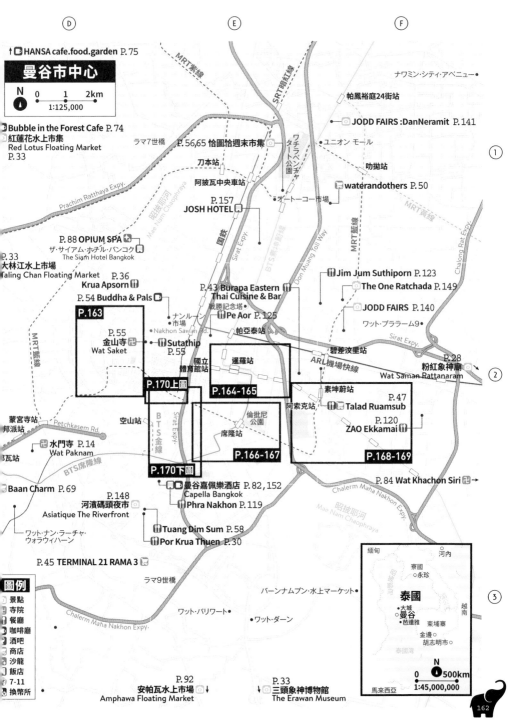

↑🍴HANSA cafe.food.garden P.75

曼谷市中心
N
0　　　1　　　2km
1:125,000

🔲Bubble in the Forest Cafe P.74
紅蓮花水上市集
Red Lotus Floating Market
P.33

ナワミン・シティ・アベニュー●

帕鳳裕庭24街站

📷JODD FAIRS :DanNeramit P.141

ラマ7世橋　P.56,65 恰圖恰週末市集
刀本站
阿披瓦中央車站
吵拋站

📷waterandothers P.50

P.157
JOSH HOTEL

P.88 OPIUM SPA
ザ・サイアム・ホテル・バンコク
The Siam Hotel Bangkok

P.33
大林江水上市場
Taling Chan Floating Market P.36
Krua Apsorn 🍴

P.54 Buddha & Pals

P.163

P.55
金山寺
Wat Saket
P.55

🍴Sutathip
P.55

P.43 Burapa Eastern 🍴
Thai Cuisine & Bar
🍴Pe Aor P.125

🍴Jim Jum Suthiporn P.123
🍴The One Ratchada P.149
🍴JODD FAIRS P.140
ワット・プララーム9

P.164-165

P.28
粉紅象神廟
Wat Saman Rattanaram

ARL機場快線

P.170上圖

P.47
🍴Talad Ruamsub
P.120
ZAO Ekkamai 🍴

P.166-167

P.168-169

蒙宮寺站
邦派站
Petchkasem Rd.
🔲水門寺 P.14
Wat Paknam

P.170下圖

P.84 Wat Khachon Siri

🔲Baan Charm P.69
P.148
河濱碼頭夜市
Asiatique The Riverfront
ワット・ナン・ラーチャ・
ウォラウィハーン

曼谷嘉佩樂酒店 P.82,152
Capella Bangkok
🍴Phra Nakhon P.119
🍴Tuang Dim Sum P.58
🍴Por Krua Thuen P.30

P.45 TERMINAL 21 RAMA 3

ラマ9世橋

圖例
🔲 景點
🔲 寺院
🍴 餐廳
☕ 咖啡廳
🍸 酒吧
🛍 商店
💆 沙龍
🛏 飯店
🏪 7-11
💱 換幣所

バーンナムプン・水上マーケット●

ワット・パリワート●

ワット・ダーン●

P.92
安帕瓦水上市場
Amphawa Floating Market

P.33
三頭象神博物館
The Erawan Museum

緬甸　　河內
寮國
永珍
泰國
大城
曼谷
芭達雅
金邊
胡志明市
越南
柬埔寨
泰國灣
馬來西亞
N
0　　500km
1:45,000,000

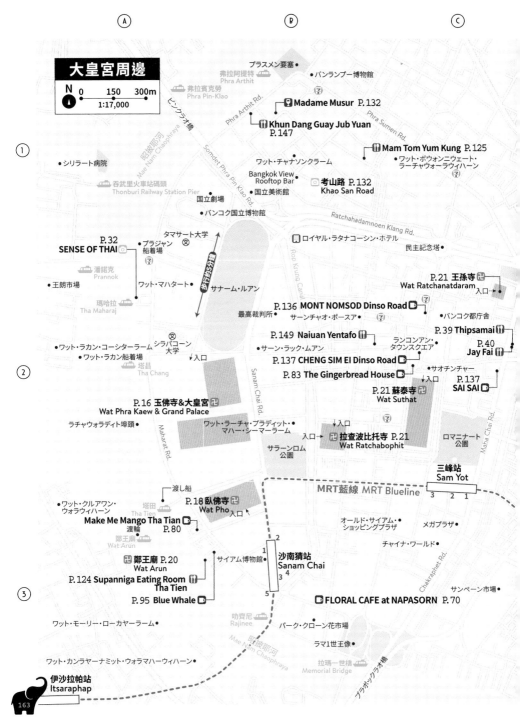

大皇宮周邊

N 0 150 300m
1:17,000

ピンクラオ橋

昭披耶河
Mae Nam Chao Phraya

弗拉阿提特 Phra Arthit
プラスメン要塞
バンランプー博物館

弗拉賓克勞 Phra Pin-Klao

Phra Arthit Rd.

Phra Sumen Rd.

🛕 Madame Musur P.132

🍴 Khun Dang Guay Jub Yuan P.147

🍴 Mam Tom Yum Kung P.125

① シリラート病院

吞武里火車站碼頭
Thonburi Railway Station Pier

Somdet Phra Pin Klao Rd.

ワット・チャナソンクラーム

Bangkok View Rooftop Bar

国立劇場
国立美術館

バンコク国立博物館

ワット・ボウォンニウェート・ラーチャウォーラウィハーン

📷 考山路 P.132
Khao San Road

Ratchadamnoen Klang Rd.

ロイヤル・ラタナコーシン・ホテル
民主記念塔 •

P.32 **SENSE OF THAI**

タマサート大学
プラジャン船着場

潘諾克 Prannok

• 王朗市場

瑪哈拉 Tha Maharaj

ワット・マハタート

サナーム・ルアン

サーンチャオ・ポーサア •

P.21 王孫寺
Wat Ratchanatdaram
入口 →

バンコク都庁舎

P.136 **MONT NOMSOD Dinso Road** 🏬

最高裁判所

P.149 **Naiuan Yentafo** 🍴

ランコンアン・タウンスクエア

P.39 **Thipsamai** 🍴

P.40 **Jay Fai** 🍴

• ワット・ラカン・コーシターラーム
• ワット・ラカン船着場

塔昌 Tha Chang

シラパコーン大学

入口

サーン・ラック・ムアン

P.137 **CHENG SIM EI Dinso Road** 🏬

P.83 **The Gingerbread House** 🏬

サオチンチャー •

入口

SAI SAI P.137 🏬

P.21 蘇泰寺
Wat Suthat

② P.16 玉佛寺&大皇宮 卍
Wat Phra Kaew & Grand Palace

ラチャウォラディット埠頭 •

Maharat Rd.

ワット・ラーチャ・プラディット・マハー・シーマーラーム

サラーンロム公園

卍 拉查波比托寺 P.21
Wat Ratchabophit

入口

ロマニーナート公園

Maha Chai Rd.

渡し船

塔田 Tha Tien

P.18 臥佛寺 卍
Wat Pho
入口

MRT藍線 MRT Blueline

三峰站
Sam Yot
3 2 1

Make Me Mango Tha Tian 🏬
P.80

渡輪
Wat Arun

オールド・サイアム・ショッピングプラザ •

メガプラザ

チャイナ・ワールド •

郑王廟 P.20
Wat Arun

サイアム博物館

2
1
3
4

沙南猜站
Sanam Chai

Chakraphet Rd.

P.124 **Supanniga Eating Room** 🍴
Tha Tien

5

P.95 **Blue Whale** 🏬

サンペーン市場 •

🏬 **FLORAL CAFE at NAPASORN** P.70

③

ワット・モーリー・ローカヤーラーム •

助賚尼 Rajinee

パーク・クローン花市場

ワット・カンラヤーナミット・ウォラマハーウィハーン •

昭披耶河
Mae Nam Chao Phraya

ラマ1世王像 •

拉瑪一世橋
Memorial Bridge

プラボッククラオ橋

伊沙拉帕站
Itsaraphap

Ⓐ   Ⓑ   Ⓒ

D E F

① ７

バンコク・パレス・ホテル
Bangkok Palace Hotel

プラパット・チャヤコン病院 ●

① ７

アマリ・ウォーター・ゲート
Amari Watergate Bangkok

ノボテル・バンコク・プラティナム・プラトゥーナム
Hotel Novotel Bnagkok Platinum

パークレイ・ホテル・プラトゥーナーム
Holiday Inn Bangkok

Pratunam
(Outbound)

Go-Ang Kaomunkai Pratunam P.38
Kuang Heng Pratunam Chicken Rice P.58

Chitlom

カフェ・アマゾン ●

セン・セープ運河
Khlong Saen Saep

Saphan Wittayu

スーパーリッチ

P.32
三面愛神廟＆象神像
Trimurti Shrine & Ganesha Shrine

モーベンピック・BDMS・
ウェルネス・リゾート・バンコク
Mövenpick BDMS Wellness Resort Bangkok

Ratchadamri Rd.

ビッグC ラチャダムリ
Big C

アーノマ・グランド・バンコク

ナーイラート公園

Chalerm Maha Nakhon Expy
チャルーム・マハナコーン高速道路

② ホリデイイン・バンコク
Holiday Inn Bangkok

P.72
Erb bliss room

ゲイソーン・ヴィレッジ
9 Gaysorn Village

セントラル・チットロム
Central Chit Lom

シヴァテル・バンコク・ホテル

セントラル・エンバシー

8   6

1   3

5

ブルンチット通り
Phloen Chit Rd.

パーク・ハイアット・バンコク

P.89
Sense, A Rosewood Spa

2

奇隆站
Chit Lom

4

7   3

1

ローズウッド・バンコク

DE REST SPA P.135

8

2   4

菲隆奇站
Pleoen Chit

5

伊拉旺神壇（四面佛廣場）
Phra Phrom
P.32

オークラ・プレステージ・バンコク

6

Spice Market P.119

アナンタラ・サイアム・バンコク
Anantara Siam Bangkok Hotel

アテネホテル・ラグジュアリーコレクションホテル・バンコク
The Athenee Hotel, a Luxury Collection Hotel, Bangkok

Lang Suan Rd.

ントレジス・バンコク
The St. Regis Bangkok

③

ホテル・インディゴ・バンコク・ワイヤレスロード

Wittayu Rd.

センターポイントホテル・チットロム

オール・シーズンズ・プレイス

N 0 100 200m
1:10,000

A B C

拉差裡威站
Ratchathewi

アジア・ホテル

ペップリー通り

Petchaburi Rd.

シティ コンプレック

VIE ホテル・バンコク-Mギャラリー

バンティップ・プラザ・プラトゥナーム

プラティナム・ファッション・モール
The Platinum Fashion Mall

Hua Chang(Siam Square)

セン・セープ運河
Khlong Saen Saep

州立公園

フア チャン・ヘリテージ・ホテル

サイアム・ケンピンスキー

Phaya Thai Rd.

リット・バンコク・ホテル

P.50 **GREYHOUND ORIGINAL**
SIAM PARAGON
P.136 **Thongyoy Cafe**

バンコク芸術文化センター
Bangkok Art & Culture Centre

P.60 暹羅百麗宮
Siam Paragon

superrich

P.60 中央世界購物中心
Central World

國立體育館站
National Stadium

サイアム・ディスカバリー
Siam Discovery

サイアム・センター
Siam Center

暹羅站
Siam

シーライフ・バンコク・オーシャン・ワールド
Sealife Bangkok Ocean World

ニミブットスタジアム

スパチャラサイ国立競技場

サイアム・スクエア リド・コネクト
P.94 **Kluay Kluay**

サイアム・スクエア・ワン
Siam Square One

ラマ1世通り

Rama I Rd.

BTS席隆線
BTS Silom Line

MBKセンター・
MBK Center

サイアム・スケープ

Nail it! Tokyo
BTS Siam
P.127

スターバックスコーヒー

タイ国家警察本部

カフェ・アマゾン

パトゥムワン・プリンセス・ホテル

警察看護師学校

警察病院
Police General Houpital

Phaya Thai Rd.

徒歩約5分間

チュラロンコーン大学

チュラロンコーン大学美術館

拉差當梅站
Ratchadamri

ロイヤル バンコク スポーツ クラブ
Ratchadamri

D　　　　　　　E　　　　　　　F

席隆站周邊

N　0　100　200m
1:11,000

Ratchasamri Rd.
Sarasin Rd.
Soi Ton Son

ブラパット・チャヤコン病院 •

BTS Silom Line
BTS席隆線

• ゲート6
🍴 倫披尼公園的釀豆腐攤 P.30
•ルンピニ朝市
• ルンピニ朝市

タイ赤十字
ラロンコン病院

• 警察署

ンコク銀行

公立図書館

🏛 倫披尼公園 P.26
Lumphini Park

• ラーマ6世王像

席隆站
Si Lom
2　1
ーロム
ッジ
lom Edge

• ルンピニ・ホール

• 在タイ日本国大使館

Witthayu Rd.

ロム・コンプレックス
m Complex

• ルンピニ・ユース・センター

東屋 •

• フードコート

• ソムタムダー

🍴 BENJARONG P.37

ラマ4世通り
Rama IV Rd.

ルワン・チュムポンケットウドムサック
• 王子の祠

Sala Daeng Rd.

SO ソフィテル・バンコク 🏨
SO/ Bangkok

スターバックスコーヒー •

倫披尼站
Lumphini
3　2
• ライフ・センター
1

MRT藍線
MRT Blue Line

珍平酒楼 •

N. Sathon Rd.

バンコク・シティ・シティ美術館
Bangkok City City Gallery

Sathon 1 Alley

COMO メトロポリタン・バンコク 🏨
COMO Metropolitan Bangkok
Ascott Embassy Sathorn Bangkok

🏨 バンヤンツリー・バンコク・ホテル

• スコータイ・バンコク

Soi Goethe

Thanon Suan Phlu

P.24 Fran's - Brunch & Greens 🍴

🏨 イビス・バンコク・サトーン

Sathon 1 Alley, Lane 1

Ngam Duphli Alley

Ⓐ　　　Ⓑ　　　Ⓒ

🍴 **Joke Samyan** P.23

ラマ4世通り
Rama IV Rd.

サムヤーン・ミットタウン

MRT藍線
MRT Blue Line

① ソンブーン・シーフード

マンダリン・ホテル 🏨

チャムチュリースクエア

ワット・フアランポーン ●

2
1
山燕站
Sam Yan

Si Phraya Rd.

モンティエン・ホテル・スラウォン・バンコク

スターバックスコーヒー
ジム・トンプソン ●

Naret Rd.

ル・メリディアン・バンコク 🏨

クラウン・プラザ・バンコク・ルンピニ・パーク
Anantara Siam Bangkok Hotel

警察署

Sap Rd.

アマラ・バンコク・ホテル 🏨

莎拉當站
Sala Daeng

Surawong Rd.

マンゴー・ツリー ● ● らあめん亭

1
2

P.58 **SOMBOON SEAFOOD Surawong** 🍴

バンコク・クリスチャン病院
日本料理 葵 ●

② スラウォン通り

ユナイテッド センター

バンコク銀行本社

シーロム・セリーン・ア・ブティック・ホテル
Silom Serene A Boutique Hotel

プルマン・バンコク・ホテルG 🏨

セント・ジョセフ・コンベント校

Silom Rd.

superrich 💵

P.118 **Ojo Bangkok** 🍴

🍴 **Le Du** P.116

Si Lom 3

BNH病

席隆路

P.60 **瑪哈納功天空步道** 📷
Mahanakhon Skywalk

● トリニティ・モール

P.150 **曼谷瑪哈納功標準酒店** 🏨
The Standard, Bangkok Mahanakhon

4

ヒンドゥー教寺院 ●

3
1

鐘那席站
Chong Nonsi

2

🍴 **Hoong** P.38

Soi Sathon 8

エバーグリーン・ホテル 🏨

歩行約5分間

③ ルカ・カフェ ●

W ホテル・バンコク 🏨

サトーン・シティタワー

N Sathon Rd.

イル・ボロネー ●

1
5
3
4

聖路易站
Saint Louis

2

エンパイア・タワー ●

Narathiwas Rajanagarindra Rd.

チョンノンシー運河公園

BTS席隆線
BTS Silom Line

● AIAサトーン・タワー

セントルイス病院 ●

素坤蔚路周邊

N   0   100   200m
1:15,000

① ② ③

カミリアン病院 ●

割烹 雅 ●

クリストファーローズ＆カフェ ●

P.94, 96 **Patom Organic Living**

137 PILLARS SUITES & RESIDENCES P.83

ニコニコ・カフェ ●　　　● フラットホワイト・カフェ

P.126 **Nail House Bangkok**　　● 警察署

P.95 **Roots at Thonglor**
P.96 **theCOMMONS**

サミティヴェート・スクンビット病院 ●

ヴィラ マーケット
Villa Market

ワッタナー・バーニット ●

● ケンタッキー

歩行者天橋

Thong Lo Rd.

Kay's P.25

グランデセンターポイント・スクンビット55 トンロー

● エイトトンロー　　ドンキモール・●
　　　　　　　　　　トンロー

トンロー通り

Ekkamai Rd.

ートップス・マーケット
KOON asian ZAKKA P.64, 69

● シネマ・オアシス

ナルト ●
ステイ・ブリッジ・スィート・バンコク

● マルシェトンロー
marche' thonglor

バッコ ●

エカマイ通り

● ビック C

● スターバックスコーヒー

BTS 素坤蔚線
BTS Sukhumvit Line

● タリンプリン

● フィフティー・フィフス・トンロー

ホテル・ニッコー・バンコク
Hotel Nikko Bangkok

Hoi-Tod Chaw-Lae ThongLor P.59

Mae Varee P.81

東羅站
Thong Lo

1
2
3
4

バンコク・マリオットホテル・スクンビット
Bangkok Marriott Hotel Sukhumvit

● ホームドウアン・チェンマイ

サマーセット・
エカマイ・バンコク

P.142 **TICHUCA**

Soi Naphasap

素坤蔚路
Sukhumvit Rd.

● ワットタートトーン

Phed Mark P.59

バンコク・プラネタリウム ●

曼谷東巴士站(伊卡邁) ●

伊卡邁站
Ekkamai

● メジャー シネプレックス

● スクンビット病院

1
2
3
4

オンカラ・バンコク

Soi Phrom Phak

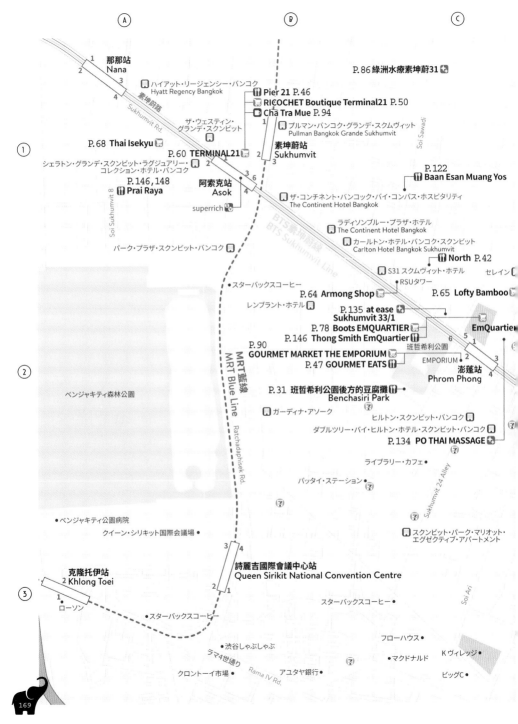

Ⓐ   Ⓑ   Ⓒ

① ② ③

那那站
Nana

ハイアット・リージェンシー・バンコク
Hyatt Regency Bangkok

素坤蔚路
Sukhumvit Rd.

ザ・ウェスティン・グランデ・スクンビット

P.68 Thai Isekyu

シェラトン・グランデ・スクンビット・ラグジュアリー・
コレクション・ホテル・バンコク

P.146,148
Prai Raya

阿索克站
Asok

superrich

パーク・プラザ・スクンビット・バンコク

P.86 綠洲水療素坤蔚31

Pier 21 P.46
RICOCHET Boutique Terminal21 P.50
Cha Tra Mue P.94

プルマン・バンコク・グランデ・スクンヴィット
Pullman Bangkok Grande Sukhumvit

P.60 TERMINAL21

素坤蔚站
Sukhumvit

P.122
Baan Esan Muang Yos

ザ・コンチネント・バンコック・バイ・コンパス・ホスピタリティ
The Continent Hotel Bangkok

ラディソンブルー・プラザ・ホテル
The Continent Hotel Bangkok

カールトン・ホテル・バンコク・スクンビット
Carlton Hotel Bangkok Sukhumvit

North P.42

S31 スクムヴィット・ホテル

RSUタワー

セレイン

Soi Sawadi

BTS素坤蔚線
BTS Sukhumvit Line

スターバックスコーヒー

P.64 Armong Shop

レンブラント・ホテル

P.65 Lofty Bamboo

P.135 at ease
Sukhumvit 33/1

P.78 Boots EMQUARTIER

P.146 Thong Smith EmQuartier

EmQuartier

MRT藍線
MRT Blue Line

Ratchadaphisek Rd.

P.90
GOURMET MARKET THE EMPORIUM

P.47 GOURMET EATS

班哲利公園

EMPORIUM

澎蓬站
Phrom Phong

ベンジャキティ森林公園

P.31 班哲利公園後方的豆腐攤
Benchasiri Park

ガーディナ・アソーク

ヒルトン・スクンビット・バンコク

ダブルツリー・バイ・ヒルトン・ホテル・スクンビット・バンコク

P.134 PO THAI MASSAGE

ライブラリー・カフェ

パッタイ・ステーション

Sukhumvit 24 Alley

ベンジャキティ公園病院

クイーン・シリキット国際会議場

スクンビット・パーク・マリオット・
エグゼクティブ・アパートメント

克隆托伊站
Khlong Toei

ローソン

スターバックスコーヒー

ラマ4世通り

渋谷しゃぶしゃぶ

クロントーイ市場

アユタヤ銀行

Rama IV Rd.

詩麗吉國際會議中心站
Queen Sirikit National Convention Centre

スターバックスコーヒー

フローハウス

マクドナルド

K ヴィレッジ

ビッグC

Soi Ari

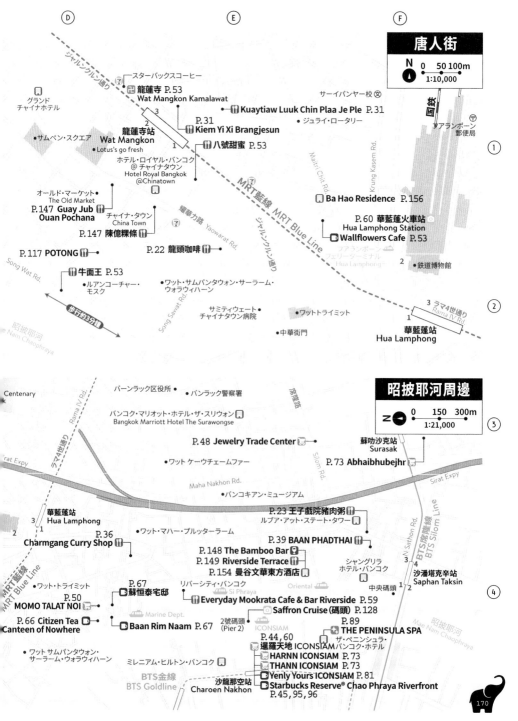

唐人街

N 0 50 100m
1:10,000

ジャルンクルン通り

D

グランド
チャイナホテル

スターバックスコーヒー
龍蓮寺 P.53
Wat Mangkon Kamalawat

E

サーイバンヤー校 ⊗

Kuaytiaw Luuk Chin Plaa Je Ple P.31

ジュライ・ロータリー

F

唐栄

アランポーン
郵便局

N

・サムペン・スクエア
Lotus's go fresh

龍蓮寺站
Wat Mangkon

P.31
Kiem Yi Xi Brangjesun

2
3

1
八號甜蜜 P.53

ホテル・ロイヤル・バンコク
@ チャイナタウン
Hotel Royal Bangkok
@Chinatown

耀華力路 Yaowarat Rd.

MRT 藍線 MRT Blue Line

Ba Hao Residence P.156

P.60 華藍蓬火車站
Hua Lamphong Station
Wallflowers Cafe P.53

1

オールド・マーケット
The Old Market

P.147 Guay Jub
Ouan Pochana

P.147 陳億粿條

P.117 POTONG

チャイナ・タウン
China Town

ジャルンクルン通り

Maitri Chit Rd.

Krung Kasem Rd.

P.22 龍頭咖啡

ファランポーン
フェリーターミナル
Hua Lamphong

フアランポーン

2
鉄道博物館

Song Wat Rd.

牛面王 P.53
ルアンコーチャー・
モスク

ワット・サムパンタウォン・サーラーム・
ウォラウィハーン

サミティウェート
チャイナタウン病院

ワットトライミット

3
1
Rama IV 世通り
Rama IV-Rd.

2

歩行約3分鐘

昭披耶河
Nam Chaophraya

中華街門

華藍蓬站
Hua Lamphong

Centenary

バーンラック区役所

バンラック警察署

昭披耶河周邊

N 0 150 300m
1:21,000

3

Rama IV 世通り

バンコク・マリオット・ホテル・ザ・スリウォン
Bangkok Marriott Hotel The Surawongse

P.48 Jewelry Trade Center

蘇叻沙克站
Surasak

P.73 Abhaibhubejhr

ワット ケーウチェームファー

Silom Rd.

Sirat Expy

Maha Nakhon Rd.

バンコキアン・ミュージアム

BTS席隆線 BTS Silom Line

華藍蓬站
Hua Lamphong

3
1
2

MRT 藍線
MRT Blue Line

P.36
Charmgang Curry Shop

ワット・マハー・プルッターラーム

P.23 王子戲院豬肉粥
ルブア・アット・ステート・タワー

P.39 BAAN PHADTHAI

P.148 The Bamboo Bar
P.149 Riverside Terrace
P.154 曼谷文華東方酒店

シャングリラ
ホテル・バンコク

N Sathon Rd.

沙潘塔克辛站
Saphan Taksin

4

ワット・トライミット

P.50
MOMO TALAT NOI

P.67
蘇恒泰宅邸

リバーシティ・バンコク
Si Phraya

Everyday Mookrata Cafe & Bar Riverside P.59

Oriental

中央碼頭

1
2

P.66 Citizen Tea
Canteen of Nowhere

Marine Dept.

Baan Rim Naam P.67

Saffron Cruise (碼頭) P.128

2號碼頭
(Pier 2)

ICONSIAM

P.89
THE PENINSULA SPA
ザ・ペニンシュラ・
バンコク・ホテル

昭披耶河
Mae Nam
Chaophraya

ワット・サムパンタウォン・
サーラーム・ウォラウィハーン

ミレニアム・ヒルトン・バンコク

BTS金線
BTS Goldline

沙陀那空站
Charoen Nakhon

P.44, 60
暹羅天地 ICONSIAM
HARNN ICONSIAM P.73
THANN ICONSIAM P.73
Yenly Yours ICONSIAM P.81
Starbucks Reserve® Chao Phraya Riverfront
P.45, 95, 96

170

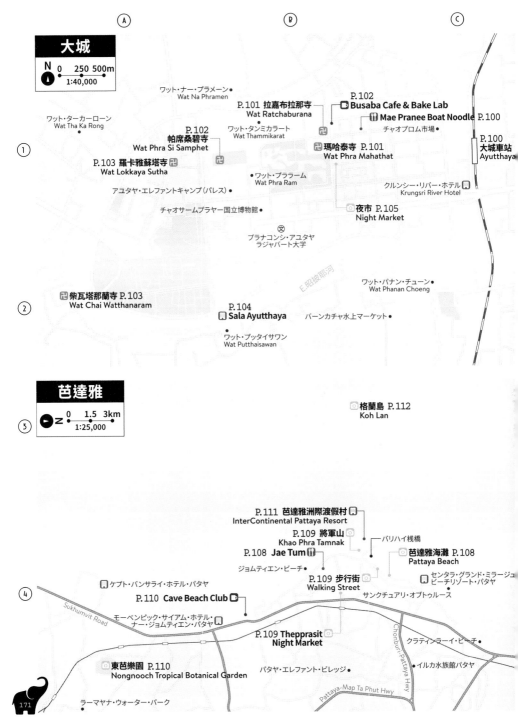

大城

N 0 250 500m
1:40,000

ワット・ナー・プラメーン
Wat Na Phramen

ワット・ターカーローン
Wat Tha Ka Rong

P.101 拉嘉布拉那寺
Wat Ratchaburana

P.102
卍 Busaba Cafe & Bake Lab
🍜 Mae Pranee Boat Noodle P.100
チャオプロム市場

P.102
帕席桑碧寺
Wat Phra Si Samphet

ワット・タンミカラート
Wat Thammikarat

卍 瑪哈泰寺 P.101
Wat Phra Mahathat

P.100
大城車站
Ayutthaya

P.103 羅卡雅蘇塔寺 卍
Wat Lokkaya Sutha

アユタヤ・エレファントキャンプ（パレス）

ワット・プララーム
Wat Phra Ram

クルンシー・リバー・ホテル
Krungsri River Hotel

チャオサームプラヤー国立博物館

夜市 P.105
Night Market

プラナコンシ・アユタヤ
ラジャバート大学

E.昭披耶河

ワット・パナン・チューン
Wat Phanan Choeng

柴瓦塔那蘭寺 P.103
Wat Chai Watthanaram

P.104
Sala Ayutthaya

バーンカチャ水上マーケット

ワット・プッタイサワン
Wat Putthaisawan

芭達雅

N 0 1.5 3km
1:25,000

格蘭島 P.112
Koh Lan

P.111 芭達雅洲際渡假村
InterContinental Pattaya Resort

P.109 將軍山
Khao Phra Tamnak

バリハイ桟橋

P.108 Jae Tum 🍜

芭達雅海灘 P.108
Pattaya Beach

ジョムティエン・ビーチ

P.109 步行街
Walking Street

センタラ・グランド・ミラージュ
ビーチリゾート・パタヤ

ケプト・バンサライ・ホテル・パタヤ

P.110 Cave Beach Club

サンクチュアリ・オブトゥルース

Sukhumvit Road

モーベンピック・サイアム・ホテル・
ナー・ジョムティエン・パタヤ

P.109 Thepprasit
Night Market

クラテインラーイ・ビーチ

Chonburi-Pattaya Hwy

東芭樂園 P.110
Nongnooch Tropical Botanical Garden

パタヤ・エレファント・ビレッジ

イルカ水族館パタヤ

ラーマヤナ・ウォーター・パーク

Pattaya-Map Ta Phut Hwy

#對上眼時微微笑
#微笑之國泰國

#懷舊街景拍照神點超多
#TalatNoi

#這麼可愛怎麼捨得吃
#TheGingerbreadHouse

#放生魚鳥積陰德
#行善積德　#水門寺

#帥氣又能幹的第3代老闆
#而且很和善 #CHENGSIMEI

#整面牆跟珠寶一樣
#可以招財!?　#鄭王廟

#金山寺
#爬300階樓梯會S人　#但是超美

#街頭占卜　#VeryGood連發！
#心情超級好

#新舊曼谷
#POTONG的陽台風景

#一定要搭嘟嘟車
#充滿泰國風情的大皇宮區域

#哈韓姊妹花　#HANSAcafe
#泰國也流行亮色調髮色

#藝術感　#花圈供品
#舒服的茉莉花香

#漫步翁昂運河
#壁畫藝術看到飽

#wai(合掌)　#動作很標準
#怎麼那麼可愛

#No.1甜點　#吃起來脆脆的
#清脆紅寶石

#無邊際泳池
#TheMonttraPattaya

#路邊攤外帶涼拌青木瓜絲會這樣包
#袋子

#舊城區　#BaanMowaan
#整條路都是佛具行

24H BANGKOK *guide* INDEX

❖ 曼谷 ❖

PROFILE

lamar

由兩位成員共同組成的編輯寫手搭檔，包含以旅行為志業的編輯若宮早希（SAKI），以及深愛泰國的寫手中西彩乃（AYANO）。雖然一個人內斂、一個人開朗，彼此卻意外合拍。兩人發起「東南亞秘境雙人旅行」企劃至今已經15年，偶爾也會遨遊大都市曼谷，享受美食、購物和飯店的樂趣。lamar這個名稱源自於西班牙文中的「海」（la mar）。（其實是直接照搬！）

TITLE

24H曼谷漫旅

STAFF		ORIGINAL JAPANESE EDITION STAFF	
出版	瑞昇文化事業股份有限公司	撮影	松井聡美　若宮早希
作者	lamar	取材協力	平原千波
譯者	沈俊傑	写真協力	タイ国政府観光庁
		表紙デザイン	iroiroinc.（佐藤ジョウタ）
創辦人 / 董事長	駱東墻	本文デザイン	iroiroinc.（佐藤ジョウタ、渡部サヤカ）
CEO / 行銷	陳冠偉	イラスト	宮嵜蘭（P.7）　Norio（P.97-112）
總編輯	郭湘齡		若宮早希（P.53,55,57）
責任編輯	徐承義	マップ	s-map
文字編輯	張聿雯	企画・編集	朝日新聞出版 生活・文化編集部（白方美樹）
美術編輯	謝彥如		
國際版權	駱念德　張聿雯		
排版	謝彥如		
製版	明宏彩色照相製版有限公司		
印刷	桂林彩色印刷股份有限公司		

法律顧問	立勤國際法律事務所　黃沛聲律師
戶名	瑞昇文化事業股份有限公司
劃撥帳號	19598343
地址	新北市中和區景平路464巷2弄1-4號
電話 / 傳真	(02)2945-3191 / (02)2945-3190
網址	www.rising-books.com.tw
Mail	deepblue@rising-books.com.tw
港澳總經銷	泛華發行代理有限公司
初版日期	2024年7月
定價	NT$450／HK$141

國家圖書館出版品預行編目資料

24H曼谷漫旅 / lamar著；沈俊傑譯. --
初版. -- 新北市：瑞昇文化事業股份有
限公司, 2024.07
　176面；　14.8x19.3公分
ISBN 978-986-401-753-9(平裝)

1.CST: 旅遊 2.CST: 泰國曼谷

738.2719　　　　　　113007755